JN311601

知ってるだけですぐおいしくなる!
料理のコツ

左巻健男+稲山ますみ 編著

講談社+α文庫

目次

第1章　下ごしらえ◆すぐ使えて役立つコツ

第2章　調理◆もっとおいしくなる！　とっておきのワザ

第3章　健康と栄養◆食べ方で防ぐ・治す知恵

バター

第4章 保存◆ムダにしない！ お得なワザ

第5章　味◆知って納得、おいしさの秘密

知ってるだけですぐおいしくなる！　料理のコツ

カバー・本文イラスト――青橙舎（高品吹夕子）

第1章

下ごしらえ

すぐ使えて役立つコツ

涙を流さずにたまねぎを切る方法

料理の脇役として、また主役として、たまねぎは欠かせない存在です。しかし、おいしくて新鮮なたまねぎほど、切ると涙が止まらず、大変な思いをします。

実はたまねぎの中には、涙を誘う「犯人」がいるのです。「硫化《りゅうか》アリル」という硫黄化合物がその犯人で、たまねぎは他の野菜に比べ、この硫化アリルが特に多く含まれています。硫化アリルは常温で揮発《きはつ》して空気中に発散されるので、常温の状態でたまねぎを切ると、その切り口から硫化アリルが発散されて鼻に入ります。これが鼻の奥にある刺激臭を感じる部分にたどりつくと、涙があふれてくるのです。

ただしこの犯人、悪さをするばかりではありません。硫化アリルはビタミンB_1の吸収を促進する働きもあります。ですから硫化アリルを失うことなく、でも決して吸いこまない工夫をすれば、涙を流すことなしに「たまねぎ効果」も得られるわけです。

それでは具体的には、どうすればいいのでしょうか。硫化アリルは常温で揮発しはじめるわけですから、たまねぎの温度を常温より下げればいいわけです。そこで調理直前に短時間冷凍庫に入れて、たまねぎの温度を下げてから切ると、硫化アリルが発散されず、涙が出ません。

ただし、手早く調理しないと常温に戻ってしまうので注意が必要です。また水にさらした後に切れば確かに涙は出にくくなりますが、これでは硫化アリルが水に溶け出してしまいます。そこでオススメなのが、科学知識に基づく、究極の非科学!?的方法です。硫化アリルは鼻から吸いこむことで涙を誘うのですから、両方の鼻の穴にきっちりとティッシュをつめる、鼻まで隠れる大きな水中メガネをかけるなど、鼻から硫化アリルを含んだ空気を吸いこまない工夫をすれば、涙は出ません。また硫化アリルは、たまねぎの繊維質の部分に含まれているので、よく切れる包丁をつかえば、繊維質をつぶさずにたまねぎを切ることができ、硫化アリルの発散が少なくてすみます。また、包丁さばきの名人になって、硫化アリルが本格的に発散を始める前に、手早く処理をすませてしまうという方法もあります。

涙を流さずにたまねぎを切るワザ！

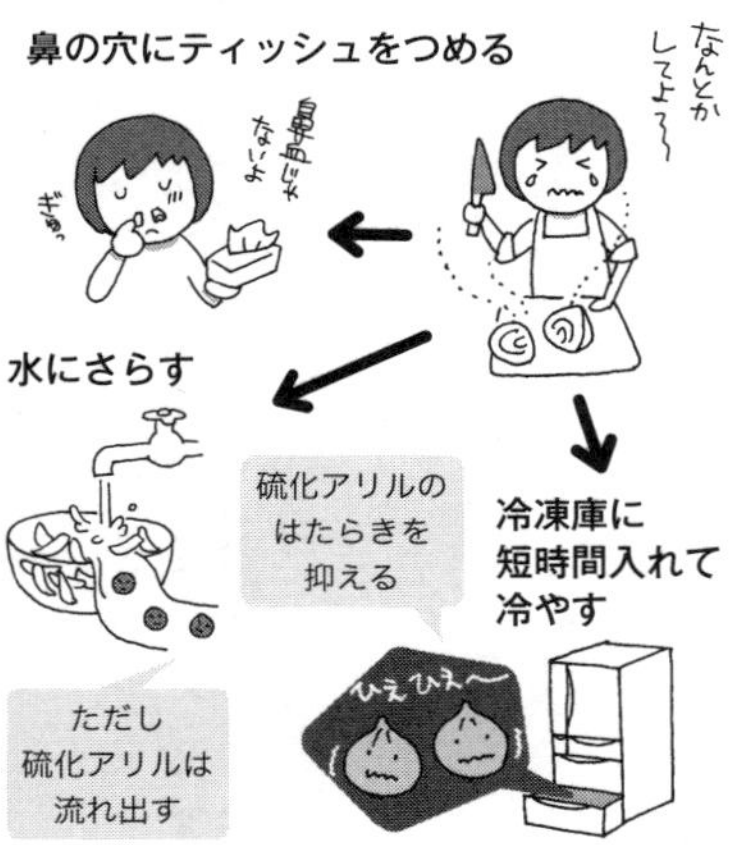
鼻の穴にティッシュをつめる
なんとかしてよ〜
水にさらす
硫化アリルのはたらきを抑える
ただし硫化アリルは流れ出す
冷凍庫に短時間入れて冷やす
ひえひえ〜

用語解説　**硫化アリル**　たまねぎ、ねぎ、にんにくに含まれる臭み成分。血液を浄化して血糖値や血中のコレステロール値、血圧を下げるという作用があるほか、消化液の分泌をよくするはたらきなどがあります。たまねぎの場合、生で食べたほうが硫化アリルを消失することなく摂取できます。

魚や貝を洗うのは塩水？　真水？

「海にいた魚や貝は、塩水で洗えばうまみが逃げないし、塩は殺菌効果もあるはず」と魚や貝を調理する前に塩水で洗う人がいますが、魚や貝は塩水で洗わないで、水道水などの真水で洗ったほうがいいのです。

　まず魚について説明しましょう。丸ごとの魚はさっと洗いますが、ここで塩水を使うと、食中毒の原因となる腸炎ビブリオは塩分を好む細菌なので、かえって繁殖してしまいます。傷みの原因となるえらや内臓をとって、真水の流水でよく洗います。すると、浸透圧により菌は細胞が破裂して死にます。次に、魚とまな板の水分をよくふきとって、そ

魚をおいしくさばくコツ

❶えらや内臓をとり、流水でよく洗う

❷後は、ぬらさずさばく

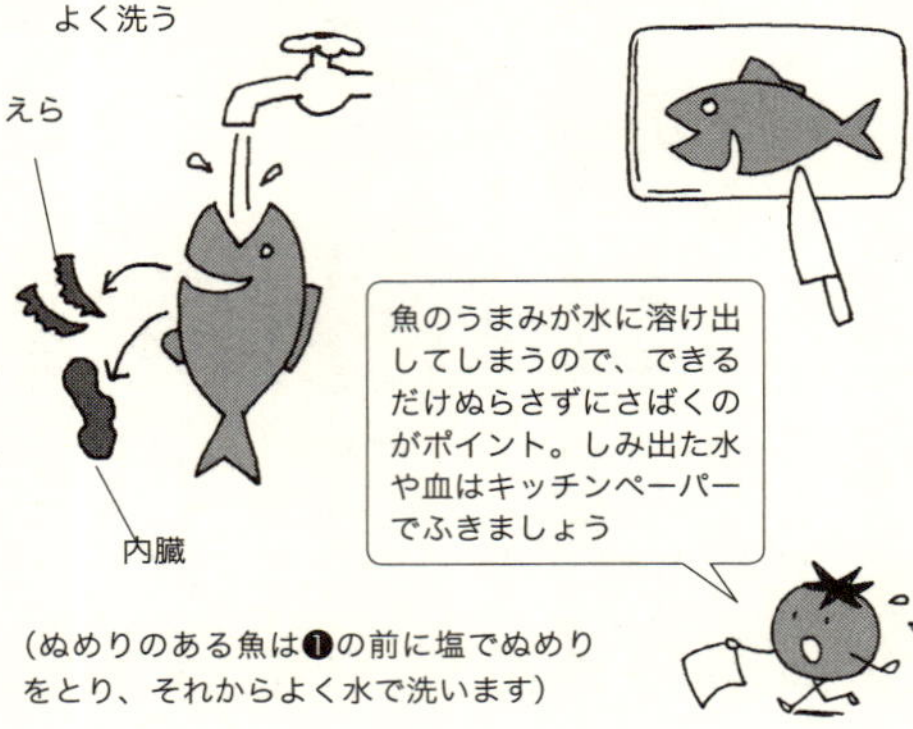
えら
内臓
魚のうまみが水に溶け出してしまうので、できるだけぬらさずにさばくのがポイント。しみ出た水や血はキッチンペーパーでふきましょう

（ぬめりのある魚は❶の前に塩でぬめりをとり、それからよく水で洗います）

れからはできるだけ水を使わずに、三枚おろしなどの目的の調理をします。なぜなら、魚のうまみはとても水に溶けやすいからです。にじんだ血がどうしても気になるなら、水洗いよりキッチンペーパーでとるようにしましょう。

　切り身の魚はそのまま使います。水で洗うと、魚肉タンパク質のミオゲンや魚肉に含まれるうまみが流出してしまうからです。

　切り身はプロの手で調理されたものですから、衛生面では問題ありません。また魚からしみ出た水が気になるなら、水だけを捨てるかキッチンペーパーでふきとりましょう。切り身になって、すでにぬめりが出ている場合は、それを洗い落として食べるより、処分するのが無難です。

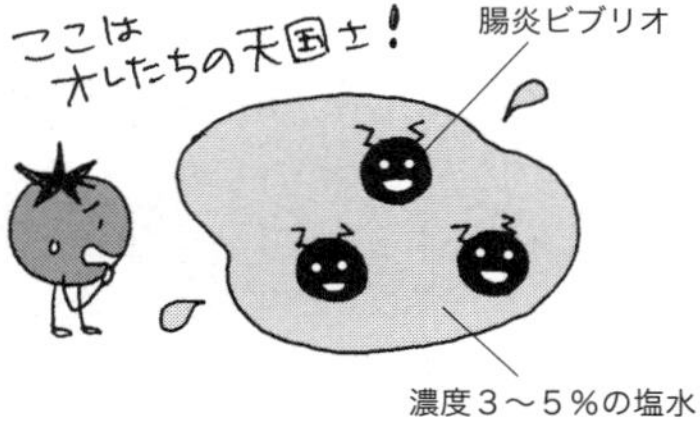
ここは
オレたちの天国さ！
腸炎ビブリオ
濃度３～５％の塩水

●貝類は水で洗ってから砂抜きを

　海の貝は真水に長くつけておくと死滅します。しかし、さっと真水で洗うと貝殻についている腸炎ビブリオをとることができ、また水の刺激で貝が殻を固く閉じますので、保存に適した状態になります。水洗いしてから砂抜きをしましょう。砂抜きでは塩水を用いますが、これについては次項をご覧ください。

用語解説　**腸炎ビブリオ**　食中毒の王者、腸炎ビブリオという菌は好塩菌で、食塩濃度3～5％（海水）でもっともよく繁殖します。一方、真水では死滅します。

アサリ・シジミの上手な砂抜き

おいしくて体にもいいアサリやシジミ。でも砂抜きがうまくいかず、食べた瞬間、ジャリッと砂を嚙んだ経験、誰でも一度はありますよね。砂を上手に抜いて、しかもおいしく食べるには、どうしたらいいのでしょうか?

●アサリ・シジミの習性を活用する

アサリやシジミは、海から採ってきたあとも生きていますから、上手に砂抜きするためには、アサリやシジミの習性をうまく利用します。

海水の中にいる間、アサリやシジミは細胞の内と外の浸透圧を釣り合わせようとする習性があり、細胞内のアミノ酸を増やすことで、この調整をしています。ご存じのようにアミノ酸はうまみの成分ですから、アミノ酸が増えれば、食べたときのうまみもアップすることになります。そこで砂抜きをするとき、アサリやシジミに浸透圧を釣り合わせるための努力をしてもらえば、上手に砂抜きができるだけでなく、おいしく食べることもできるわけです。

浸透圧を調整する習性を発揮してもらうために、砂抜きをするときには、アサリやシジミを普段の棲息《せいそく》環境に近い状態におきます。

アサリは海辺に、そして日本で食卓に出さ

アサリやシジミの砂を上手に抜くワザ！

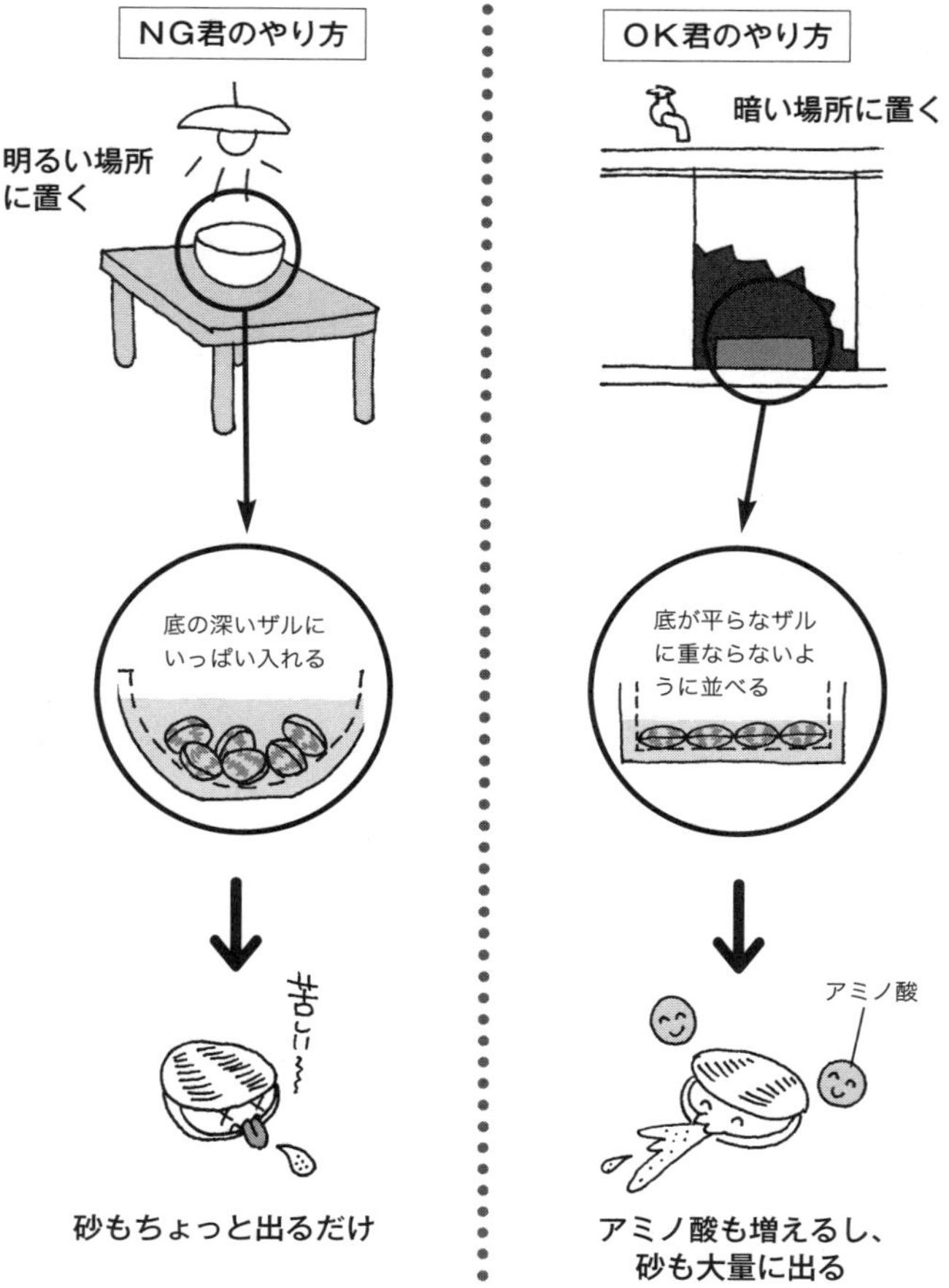
NG君のやり方
明るい場所に置く
底の深いザルにいっぱい入れる
苦しい〜
砂もちょっと出るだけ
OK君のやり方
暗い場所に置く
底が平らなザルに重ならないように並べる
アミノ酸
アミノ酸も増えるし、砂も大量に出る

れるシジミの99%を占めるヤマトシジミは、海水と真水が混じる「汽水」といわれる水域に棲息しており、アサリは3~4%、シジミは0・5~1%の塩水濃度が、もっとも快適な棲息環境といわれています。

そこで底が平らな容器の内側にザルを入れ、その中に真水で表面を洗った貝を、重ならないように並べます。こうすれば、吐いた砂を再び吸いこむことを防げます。常温の水を、貝がちょっとかぶる程度に入れ、アサリなら3~4%、シジミならば0・5~1%程度の塩水になるよう塩を入れます。潮干狩りで採ってきたときは、その場の海水を別の容器に入れて持ちかえるのも手軽な方法です。そして、貝は真っ暗な砂の中にいましたから、暗いところに3~4時間置いておきます。

ここまで手間をかければ、上手に砂抜きできるだけではなく、アサリやシジミをおいしく食べることができるのです。

用語解説 **浸透圧** 濃度の濃い液と薄い液があったとき、濃い液のほうに水分が引っ張られて同じ濃さになろうとする力。

濃度3%の塩水 1L《リットル》に対して塩30gが目安です。これを基準に、水の量に合わせて塩の量を加減します。

塩を使いこなして、台所の達人になる！

海に囲まれた島国で暮らす日本人は、早くから塩を調理や生活にとりいれて、すばらしい料理を育ててきました。上手に塩を使いこなすことは、料理の腕前をはかる目安かもしれませんね。

魚の下ごしらえに活躍！

●塩焼きをするとき、すぐに焦げてしまうのがヒレです。しかし塩をたっぷりとつけておくと、ヒレが焦げにくくなります（**化粧塩**）。

●魚の体の表面は、体を保護するためにぬめりと呼ばれる粘液でおおわれています。特に鱗《うろこ》のない魚には、このぬめりが多いといえます。ぬめりには、細菌やゴミなどが付着しやすく魚臭の原因であるトリメチルアミンも含まれているため、調理の前にぬめ

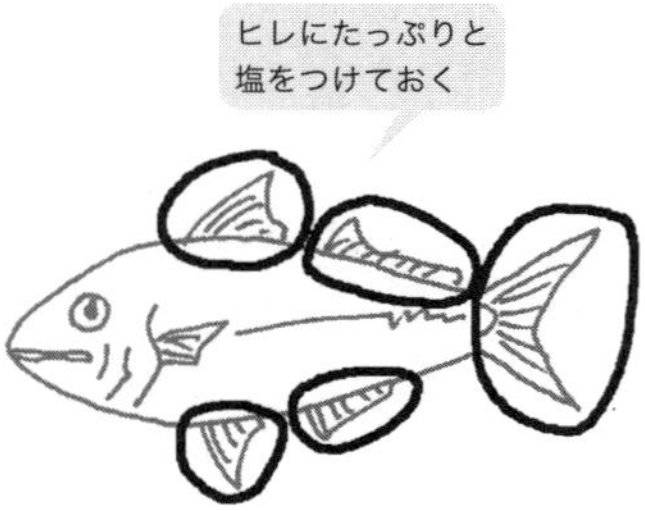

りをとっておきましょう。

このぬめりは塩水には溶けやすいので海水程度（2〜3％）の塩水で洗います。鱗のない魚やタコ・イカの場合には、塩をそのままたっぷりとふりかけて、塩とともに洗い流すと簡単です。

●大量の魚に均一に塩をしたいとき、濃い食塩水に数分つけて塩をします（**立て塩**）。

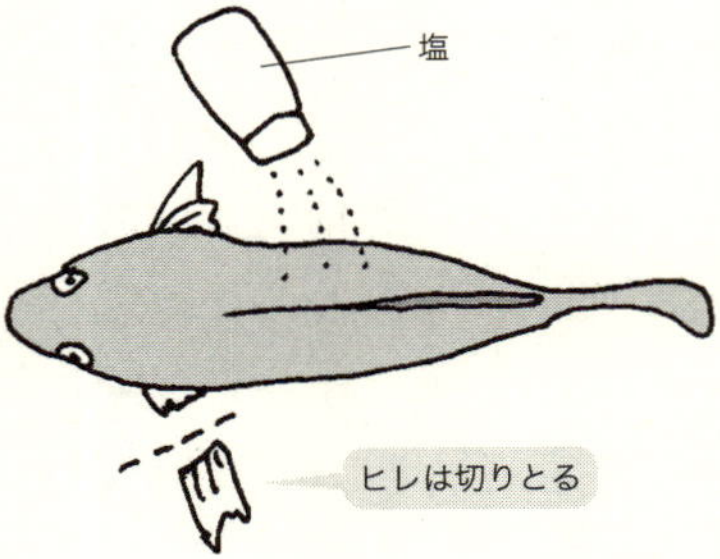

●ヒラメやカレイなどの平べったい魚に塩をするとどうしてもムラになるので、皿に塩をふり、その上に湿らせた紙、魚、湿らせた紙、と順番に重ねて置いてその上から塩をすると、にじみ出た水により濃い食塩水で魚を包むかたちになり、均一に塩をすることができます（**紙塩**）。

野菜の下ごしらえに活躍！

●きゅうりは皮が丈夫で味がつきにくい野菜です。塩をふってまな板の上で転がすと、細かい傷がついて味がしみこみやすくなります（**板ずり**）。

●葉物の野菜をゆでるとき、「つまみ塩」を入れておくと、葉緑素（クロロフィル）の一部がナトリウムと結びつくため、色が変

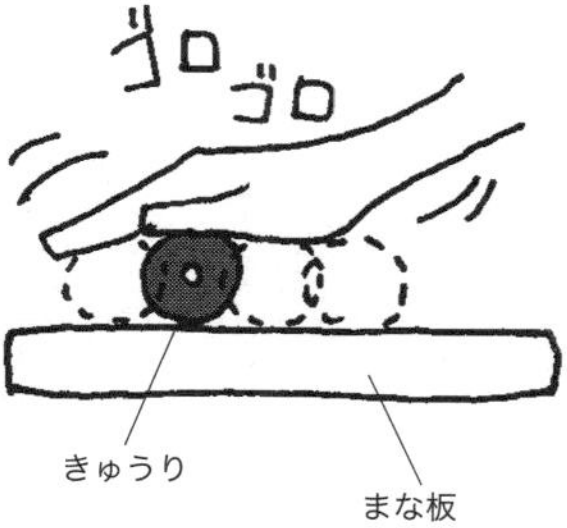

わりにくく、鮮やかになります。

●じゃがいもやりんごなどの切り口が褐色になる野菜や果物は、ほんの少し塩を溶かした水に放つと褐変を遅らせることができます。酢を加えるともっと効果的。

こんなときにもフル活用

●肉や魚を焼くときに塩をすると、タンパク質凝固が早まり表面が早く固まるので、鉄板や金網に焦げつきにくくなります。このとき、鉄板や金網もあらかじめ熱くしておきます。

●塩漬けした肉や魚は真水ではなく薄い塩水でもどすと、表面だけぶよぶよにならず、ムラなく塩抜きができます。

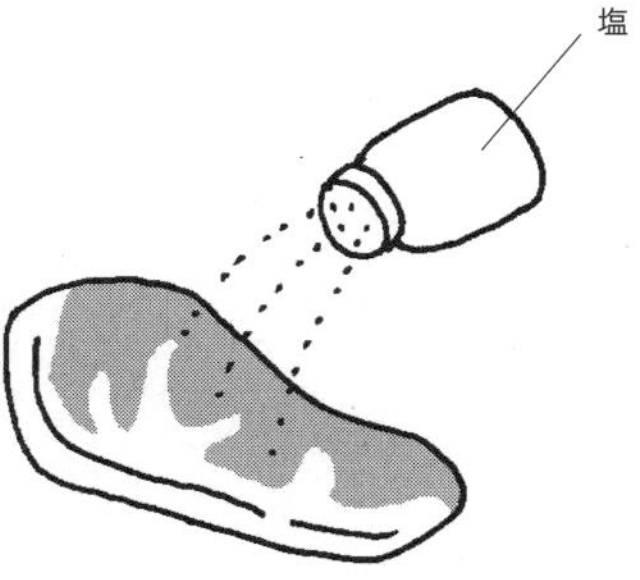

お肉は新鮮じゃないほうがおいしいってホント？

私たちは野菜と同様、肉も「新鮮でおいしいものを食べたい」と考えがちです。確かに野菜や果物の多くは、もぎたてでフレッシュなものがおいしいですね。ところが肉に関しては、「新鮮＝おいしい」とはいえません。

肉の場合は熟成させる期間が必要です。動物は死後硬直といって、死んだ直後はいったん筋肉が固くなります。その後、肉に含まれている酵素のはたらきで筋肉がしだいに分解されはじめます。分解が進むと組織が柔らかくなり、筋肉のタンパク質の一部はアミノ酸といううまみの成分に変わっていきます。そのため肉は、新鮮なものより少し時間が経ったほうが食べやすく、おいしくなるのです。

死後硬直がほぐれるまでの期間は動物の大きさや種類によって違います。同じ動物でも魚などはすぐに硬直がとけますし硬直中でも牛や豚ほど筋肉が固くないので、とれたての魚の刺身も食べられます。しかし肉の場合、死後硬直がとけて食べごろに熟成するには、保存温度が2～4℃の状態で、鶏肉5～12時間、豚肉3～5日、牛肉では1～2週間かかるといわれています。

とはいえ、買ってから家に1週間置いておいたほうがいいということではもちろんありません。お店に売られている肉は、すでに熟成が進んで食べごろになったものです。時間が経てば、熟成が進むだけでなく、腐敗も始まりますから、消費期限は守りましょう。特に、熟成の早い鶏肉は傷みも早いので、注意が必要です。

ただし、買って帰ってすぐに調理して食べるのなら話は別です。見切り処分で○○円引きになっているスーパーの肉は、おトクなうえ、おいしさもアップしているかもしれません。上手に利用するといいでしょう。

家庭でできる上手な肉の保存法
●1回分ずつラップに包んで冷凍
ラップ
●ひき肉は、しょうゆや調味液に漬けて冷蔵
●完全に調理してしまう
冷凍室へ
無駄な空気を抜きパッキングする
このとき食べ忘れなどがないように日付などを記入しておくと便利。
ステーキ 11月29日
冷ます

魚を焼く前に塩をふるのはなぜ？

塩をふっただけの焼き魚は、単純な料理であるだけに、塩ふりのタイミングと量が、出来ばえを大きく左右します。焼いてからあわてて塩をふってもおいしくありませんし、逆に、あまり早くから塩をふっておくと塩辛くパサパサしたものになってしまいます。

●塩はなぜ必要なの？

加熱したときに塩があると、タンパク質はすばやく固まる性質があります。肉や魚の表面が早く固まると、内部のおいしい肉汁が外に出てしまうことも防ぐことができます。

また、魚や肉をそのまま鉄板や網の上にのせて焼くと、タンパク質が金属と反応して糊づけしたようにくっついてしまいますが、塩をして事前に十分に加熱した鉄板や網で焼くことで、張りつくことが少なくなります。

●塩をふるのはいつがいいの？

魚の肉は、全体がひとつの半透膜でおおわれているわけではなく、半透膜でおおわれた小さな細胞がたくさん集まったかたまりです。

塩をふると、表面付近の細胞がまず水分を絞りとられます。このタイミングで焼くと内部の細胞は水分やうまみをたっぷり含んだ柔

魚に塩をふるとどうなるの？

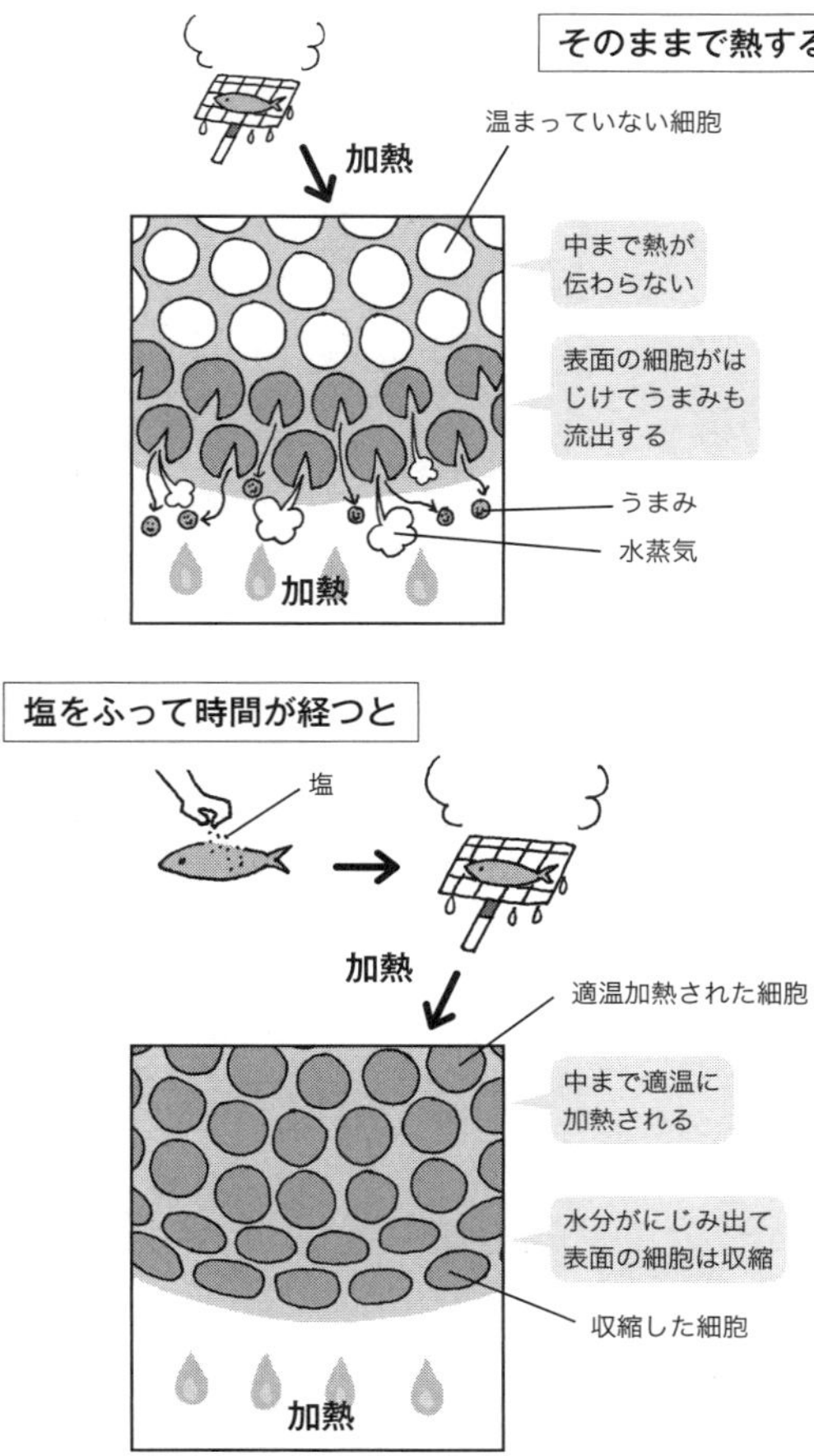
そのままで熱すると
加熱
温まっていない細胞
中まで熱が伝わらない
表面の細胞がはじけてうまみも流出する
うまみ
水蒸気
加熱
塩をふって時間が経つと
塩
加熱
適温加熱された細胞
中まで適温に加熱される
水分がにじみ出て表面の細胞は収縮
収縮した細胞
加熱

らかい状態で焼きあがります。

塩をふるのが遅い、あるいはふり忘れると、内部の水分が沸騰し、表面の細胞がはじけてうまみを捨ててしまうだけではなく、水分が蒸発するときに大量の熱を奪うため、中に熱が伝わりません。

逆に塩をあまりに早くふると、水分だけでなくうまみ成分まで出てしまいます。この状態で焼いてもパサパサになってしまいます。

●肉は70℃前後で柔らかくなる

ところで、生物の体を作っているタンパク質は通常70℃付近で変質し、固かった肉も歯で噛みきれる程度に柔らかくなります。

魚や肉の多くは、新鮮なものであれば、刺身やレアのような生で食べても問題はありません。ただし、サバや豚肉には寄生虫がまれに含まれていることがあり、それらが死滅するのも、この温度（70℃前後）です。

ですから、サバや豚肉は、内部までこの温度に加熱するほうがよいといわれるのです。

用語解説 **半透膜**　水は通過できるが、水に溶けこんでいる物質のほとんどは通さない性質を持つ膜。

安くて固いお肉を「うまい！」に変えるコツ

食費は調理の工夫でなんとか安く乗りきりたい！　家計のやりくりを考えると、ついついお肉は安売りのパックに手が伸びます。でも安いお肉は、やはりそれなり。固くて噛みきれず、家族から「ガムみたい」なんて不平を言われたことありませんか？

　お肉を柔らかくおいしく食べるには、ちょっとしたコツがあります。それさえわかればこっちのもの。安いお肉でおいしい肉料理をどんどん楽しみましょう。

●ビールに漬けこむ

肉は、時間が経つと肉の中に含まれる酵素が自身の分解をしはじめ、柔らかくなります。さらに、ビールに含まれる炭酸には肉を柔らかくするはたらきがあります。ビールに

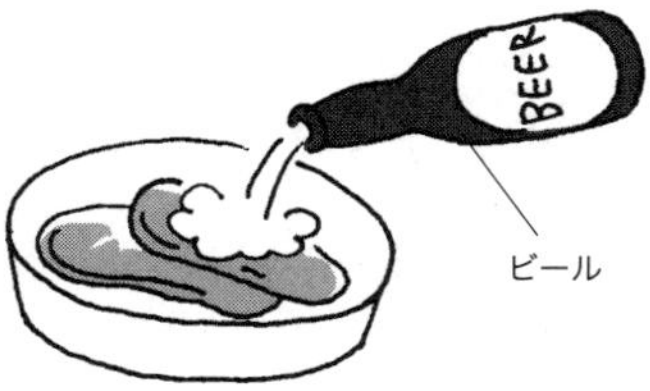

含まれるうまみ成分により、肉のうまみも増します。

酢、ワインビネガー、マリネ液に漬けこむ

肉が酸性に傾き、水分を抱えておく力が高まるため柔らかくなります。

たまねぎ、キウイ、パイナップルなどをすりおろして、そこに漬けこむ

多くのトロピカルフルーツにはタンパク質を分解する酵素が含まれています。この酵素が、固い肉の組織を分解し、柔らかくしてくれます。すりおろすと酵素のはたらきが高くなります。たまねぎにも同様の効果があります。

焼く前には筋切りを忘れずに

筋が多いということも肉を固くする原因で

す。大きな筋は包丁で筋切りし、全体を調味料の空きビンなどでたたいておくと、繊維が切れて柔らかくなります。

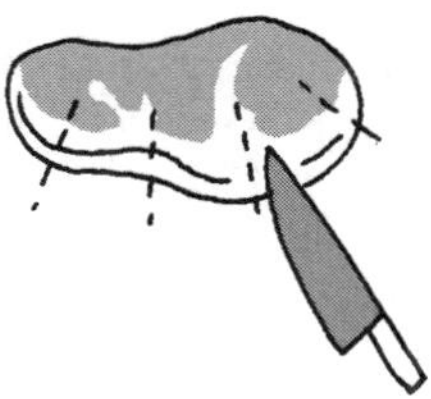

●砂糖をもみこむ

シチューなどの煮込み料理のとき、あらかじめ肉に砂糖をもみこんでおくと、砂糖の保水性によって、肉が水分を抱えこみ、柔らかくなります。

●煮込み料理にする

肉に含まれるコラーゲンというタンパク質は3本の細長い分子が寄り集まったものが構成単位なのですが、長く煮込むとほどけて、柔らかいゼラチンに変わります。

わさびの辛みを引き立たせる知恵

刺身のうまさを引き出すのになくてはならないわさび。このわさびの命ともいえるのが、ツーンと抜ける独特の辛みですが、この辛みはおろし方で変わってきます。本わさびの辛みを十分に引き出すには、どうすればよいのでしょうか?

わさびは山間の澄んだ渓流に生えるアブラナ科の植物です。植物全体に辛みがありますが、特に根茎部が強く、この部分をすりおろして使います。

アリルイソチオシアネートと呼ばれるわさびの辛み成分は、植物体内では糖と結びついています。この状態では辛みはありません。

しかし、すりおろすなどして細胞に傷をつけると、ミロシナーゼという酵素が出てきます。この酵素は、辛み成分と糖との結びつきを切る、はさみのようなはたらきをします。このはたらきにより糖と離れた辛み成分は、揮発性があるので、鼻にツーンと抜ける辛みが生じるのです。

目の細かいおろし器で、時間をかけてすりおろす

辛みを引き立たせるには、できるだけ目の細かいわさびおろしを用いることです。そうすれば細胞に細かい傷が入り、酵素が出やす

くなります。また、あわてずにゆっくりおろすこともポイントです。時間をかけることで、酵素が糖と辛み成分の結びつきをたくさん切り離し、より多くの辛み成分が生じるため、さらに鼻にツーンとくるのです。おろしたあと、指でねれば、さらに辛みが増します。

大根と一緒におろす

大根にも辛み成分を糖から切り離す酵素が多量に含まれています。ですから、大根と一緒におろすのもいい方法です。おろしわさびの量が多めにほしいときなどは本わさびより安価な大根で、かさを増すこともできます。

粉わさびや和からしの場合は?

水で溶いて使う粉わさびは、ホースラディッシュ（西洋わさび）を原料とする場合が多いのですが、辛み成分、および辛みが出るしくみは本わさびと同じです。また、和からしは、芥子菜《からしな》の種子を乾燥せずにそのまま粉にしたものですが、これも辛み成分自体はわさびと同じものです。同じ辛み成分でも味が異なるのは、香り成分が違うからです。

いずれの場合も、酵素をはたらかせるには、水が必要です。一般的に酵素はヒトの体温付近でよくはたらきますから、粉わさびや和からしの辛みを引き立てるには、冷水よりぬるま湯を使って溶くのが効果的です。

MEMO **辛み成分には抗菌・抗カビ作用も** 密閉容器に餅などを保存する場合、ねりわさび、からしなどを一緒に入れておくと抗菌作用によりカビなどが生えにくくなります。

凍った肉や魚を上手に解凍する方法

肉や魚をうまく冷凍すると、長い間鮮度を保つことができ、おいしさも損なわれません。でもせっかく冷凍しても、きれいにムラなく解凍するのが苦手な人も多いはず。ここでは上手な解凍テクニックを身につけましょう。

ご存じのように水は氷になると約1・1倍に膨らみます。冷凍された肉や魚の細胞は、水と同じように、凍って膨らんだ状態にあります。ですから無理な加熱をすると、凍った細胞と溶けて元の大きさに戻った細胞の間に力が加わり、細胞膜が破れて、細胞の中に含まれていた栄養分やうまみが外に流れ出てしまいます。生の肉や魚を冷凍のまま急に加熱調理しても、あまりおいしくないのはこのためです。

●ムラのない解凍のコツは?

肉や魚、野菜の解凍が難しいのは、凍った部分と溶けた部分が混在してしまうからです。つまり解凍のコツは、細胞を一度にさっと溶かすことにあります。

冷蔵庫内で解凍するときには、パーシャル室が均一に解凍できるのでもっとも適しています。

魚介類の解凍には、流水解凍が適していま

す。流水またはぬるま湯につけ、表面が溶けはじめたら、あとは新聞紙やタオルにくるんでゆっくり解凍します。

常温で手早く解凍したいときには、簡単な方法があります。水を張った大きめの鍋の中にひとまわり小さい鍋を浮かべ、その上に冷凍した肉や魚をのせておきます。それだけでうまく解凍することができます。

また、電子レンジでの解凍で陥りやすい失敗は、ムラ焼けです。溶けている水分に電子レンジのマイクロ波が集中して、その周辺だけを加熱しすぎてしまうために生じます。ですから、肉や魚は必ず完全に凍った状態で電子レンジに入れなければなりません。水のついたものや、霜も同じ理由で注意が必要です。ラップも、水滴がつくのではずします。そして、レンジの目盛りを弱または解凍用に合わせると、うまく解凍することができます。

また、電子レンジでは食品や容器の形によってもムラ焼けが起こることがあります。エビなどの尻尾が焦げるのは、マイクロ波が細い部分に集中することで起こる、エッジランナウェイという性質のためなのです。これは角ばった容器を使うときにも起こります。そのため、食品を温めるには四角い容器よりも丸い容器を使い、食品も角張った部分ができないように工夫して並べるとよいでしょう。

用語解説　**パーシャル室**　−3℃付近の温度に保たれた空間で、魚や肉を完全に凍ってしまう一歩手前の状態で保存する貯蔵法です。完全に凍結しないので肉などの細胞も壊れにくく、鮮度や本来のおいしさを保ちやすいのです。

エッジランナウェイ　マイクロ波が細い部分に集中する特性のこと。電子レンジにかけたとき、海老フライの尻尾や、焼き鳥の串など細い部分だけが焦げてしまうのも、エッジランナウェイの仕業です。

ふきこぼれは、泡を大きくして防げ！

麺をゆでていると、ちょっと目を離したスキに、ワーッとふきこぼれて大あわて。そんな経験ありませんか？　煮物やカレー、シチューなどでふきこぼれることはそうないのに、麺をゆでるときに限ってふきこぼれるのは、どうしてでしょう。

水が沸騰すると、鍋の底から水蒸気の小さい泡《あわ》が出ます。この泡はお湯の表面に達すると割れますが、麺をゆでていると、麺に含まれるデンプンの粘りのせいで泡の割れにくい小さなシャボン玉ができたような状態になります。この割れない泡がどんどん積み重なって、ついに鍋からあふれ出てしまうというわけです。

では、ふきこぼれないようにするには、どうすればよいでしょう？

ひとつには泡を大きくしてあげること。シャボン玉でも大きなシャボン玉はすぐ割れるのと同じ原理です。泡が大きくなれば、泡の大きさに対して膜が相対的に薄くなり、割れやすくなります。

また、粘ったデンプンが寄り集まらないようにすることも、割れにくい泡ができるのを防ぐ有効な方法です。

ふきこぼれないための3つのワザ！

ワザ1

片方に注ぎ口のついた器をさかさまにして入れる

器の中に小さな泡がたまり、泡同士がくっついて大きな泡になります。この大きな泡が注ぎ口のところからボコボコ出てくるのですが、大きな泡は小さな泡より割れやすいため、ふきこぼれにくくなります。

ワザ2

マーガリンを入れる

マーガリンに含まれる乳化剤が、泡を包んでいるデンプンを分散させて、泡を割れやすくします。

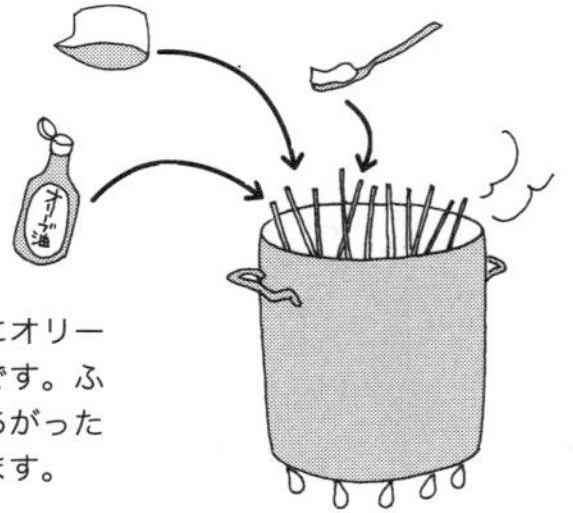

ワザ3

オリーブオイルを入れる

イタリアではパスタをゆでるときにオリーブオイルを入れる習慣があるそうです。ふきこぼれを防ぐだけでなく、ゆであがった麺がくっつくのを防ぐ効果もあります。

●「さし水」は効果がある？

ところで、ふきこぼれそうになったときに、うどんなどの麺では「さし水」をすると、ただふきこぼれを抑えるだけでなく、おいしく仕上がるといわれることがあります。あえて芯を残してゆでるパスタとは異なり、芯までいい具合にゆでると表面がゆだりすぎるので、表面の温度を下げる効果があるためと考えられます。

ただし、麺がまだよくゆだっていないうちに、さし水でお湯の温度が下がると、かえってうまくゆだりません。小さな鍋では早いうちからふきこぼれてしまいますので、大きな鍋にたっぷりのお湯でゆでましょう。

野菜や果物の変色を防ぐ方法

皮をむいたりんごや切ったれんこん、ごぼうなどをそのまま放置しておくと、切り口がすぐ褐色になったり黒っぽくなったりしませんか？　これでは見栄えも悪く、食欲もすすみません。ここでは、こうした変色を防ぐ方法を紹介しましょう。

●酵素のはたらきを低下させる

変色は果物や野菜を切ると同時に起こります。切るということは、すなわち細胞に傷をつけることですが、このとき、細胞内からポリフェノールオキシダーゼという酵素が出てきます。野菜・果物中に含まれているポリフェノールという物質に、この酵素がはたらくことによって変色が起こります。このような変色を酵素的褐変といいます。

変色させない、つまり褐変を防ぐには、ポリフェノールオキシダーゼかポリフェノールのどちらか一方をなくしてやればいいのです。それには、次の方法が有効です。

MEMO　酵素の活動と温度の関係　普通の化学反応は温度が高くなると反応する速度も速くなりますが、酵素反応の場合はだいたい35~40℃でもっとも反応速度が速く、酵素がよくはたらきます。この温度までは、温度が高いほど酵素はよくはたらきますが、それを超えると、タンパク質が変化しはじめ、反応速度は遅くなります。さらに温度が高くなりすぎると、酵素ははたらかなくなります。

野菜や果物の変色を防ぐワザ！

切った野菜を水によくさらす

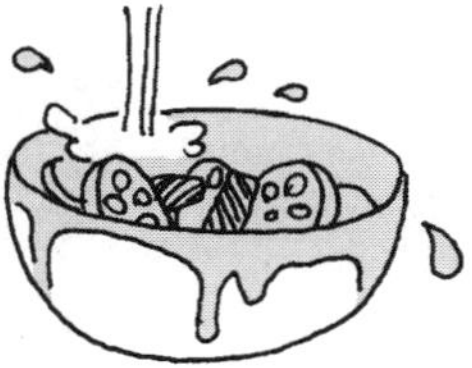

ポイント
水にさらすことでポリフェノールを洗い流します。

酢にさらす、冷蔵庫に入れる

pHを３以下に下げるか、または低温で貯蔵することで、酵素のはたらきは急に低下します。このしくみをうまく利用したのが、酢れんこんや酢ごぼうです。

食塩水につける

食塩は、酵素のはたらきを妨害（阻害）します。切ったりんごを食塩水につけるのは、この理由からです。

湯通しする

お湯の熱によって酵素自体をこわします。冷凍野菜は湯通しすることによって褐変を防いでいます。

乾物や塩蔵品を上手に短時間でもどすには？

しいたけ、ぜんまい、昆布……。これらの食品を乾燥させて水分を取り除き、カビや細菌が繁殖しないようにした乾物や塩ザケ、塩ダラなどの塩蔵品《えんぞうひん》は、保存食として重宝されます。これらの多くは、「もどす」あるいは「塩抜き」という方法で、元の状態にもどして調理することがあります。

細胞内の水が抜けているのだから、真水につけると早く元にもどるかというと、そうではありません。「干ししいたけは砂糖水で」「塩魚の塩抜きは塩水で」なんて裏ワザが登場します。

「なぜわざわざ砂糖水や塩水を使うの？　真水のほうが浸透圧の差が大きいのでは？」ちょっと科学の知識のある人なら、そう思うかもしれません。それは、乾物や塩蔵品はひとつの半透膜の袋で囲まれているわけではなく、元々は生物の体なので、半透膜でおおわれたたくさんの小さな細胞の集まりだからです。

●塩水や砂糖水を使って上手にもどす

乾ききった、あるいは塩をたっぷり含んだ乾物や塩蔵品を真水につけると、表面の細胞は急激に水を吸ってパンパンに膨らんでしまいます。そうするとそれより内側の細胞には水が届かなくなります。

そうこうしているうちに、表面の細胞からうまみまで出ていってしまいます。

うまみを逃がさないように、かつ全体を均一に戻すために、わざわざ浸透圧の差が小さい塩水や砂糖水を使うのです。

薫製の塩抜きに塩水を使うのは？

薫製《くんせい》にするときは塩をたっぷりしてから、もういちど塩水につけて塩抜きをします。これは、内部と表面の塩分濃度を均一にするという目的ですが、そのときも真水だと表面の塩抜きがすぎてしまい、内部に強すぎる塩がそのまま残るからです。

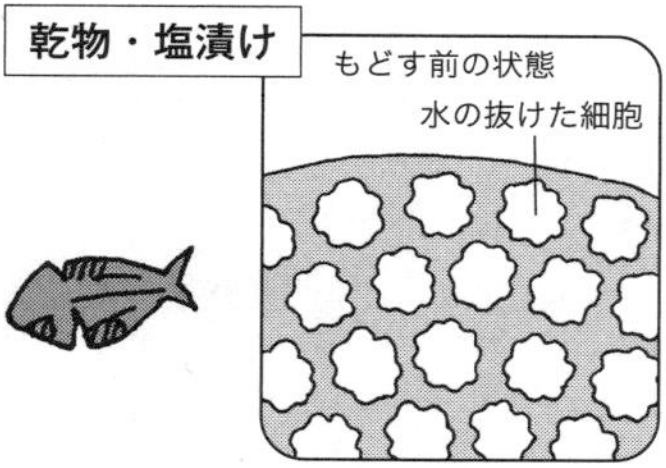
乾物・塩漬け
もどす前の状態
水の抜けた細胞

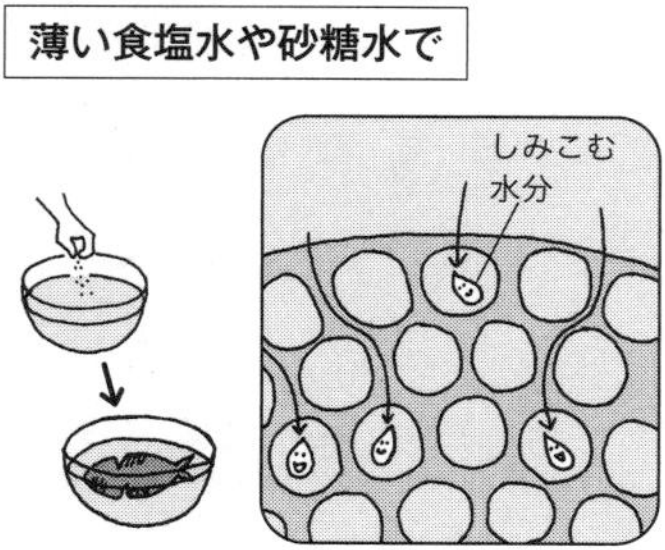
薄い食塩水や砂糖水で
しみこむ
水分

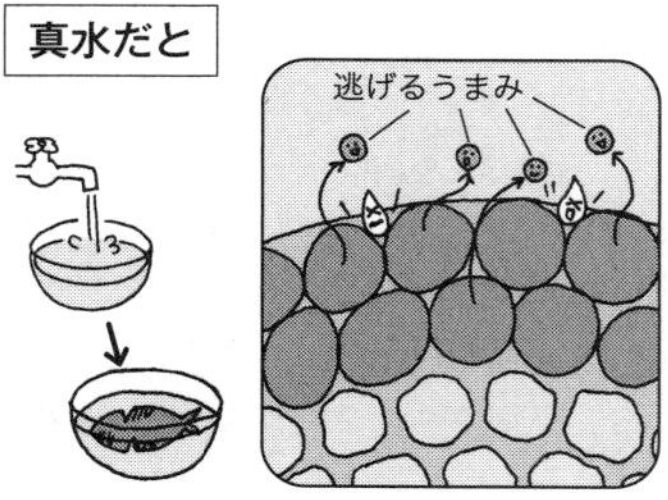
真水だと
逃げるうまみ

トマトの皮をスルリとむくコツ

完熟トマトの皮をむこうとして、グチャリとつぶれて呆然《ぼうぜん》……。こんな経験ありませんか？　実はトマトの皮だって、科学の知識があれば、簡単にむくことができるのです。

トマトの皮がむきづらい原因を作っているのは、「ペクチン」と呼ばれる物質です。ペクチンとは、主に柑橘《かんきつ》類やりんごなどの果皮の部分に含まれる天然のゲル化（固める）剤で、食物繊維をたっぷり含んでいます。このペクチンがトマトの実と皮の間をぴったりとくっつける「接着剤」の役割をはたしているのです。ですから、ペクチンさえうまくとり除けば、トマトの皮だって簡単にむくことができるわけです。

まず角のない丸い箸を1本用意してください。その箸でトマト全体をこすり、最後にトマトのてっぺんを箸で突き刺して穴をあけます。箸でこすることによってトマトの果肉から水分が出て、それによってペクチンが溶けているので、穴をあけたところからみかんの皮をむく要領でやれば、スルリとむくことができます。

熱を加えてペクチンの「接着効果」を弱める方法もあります。トマトにフォークを刺してガスコンロのうえに持っていき、直火であぶります。すると「プチップチッ」という音

トマトの皮を簡単にむくワザ！

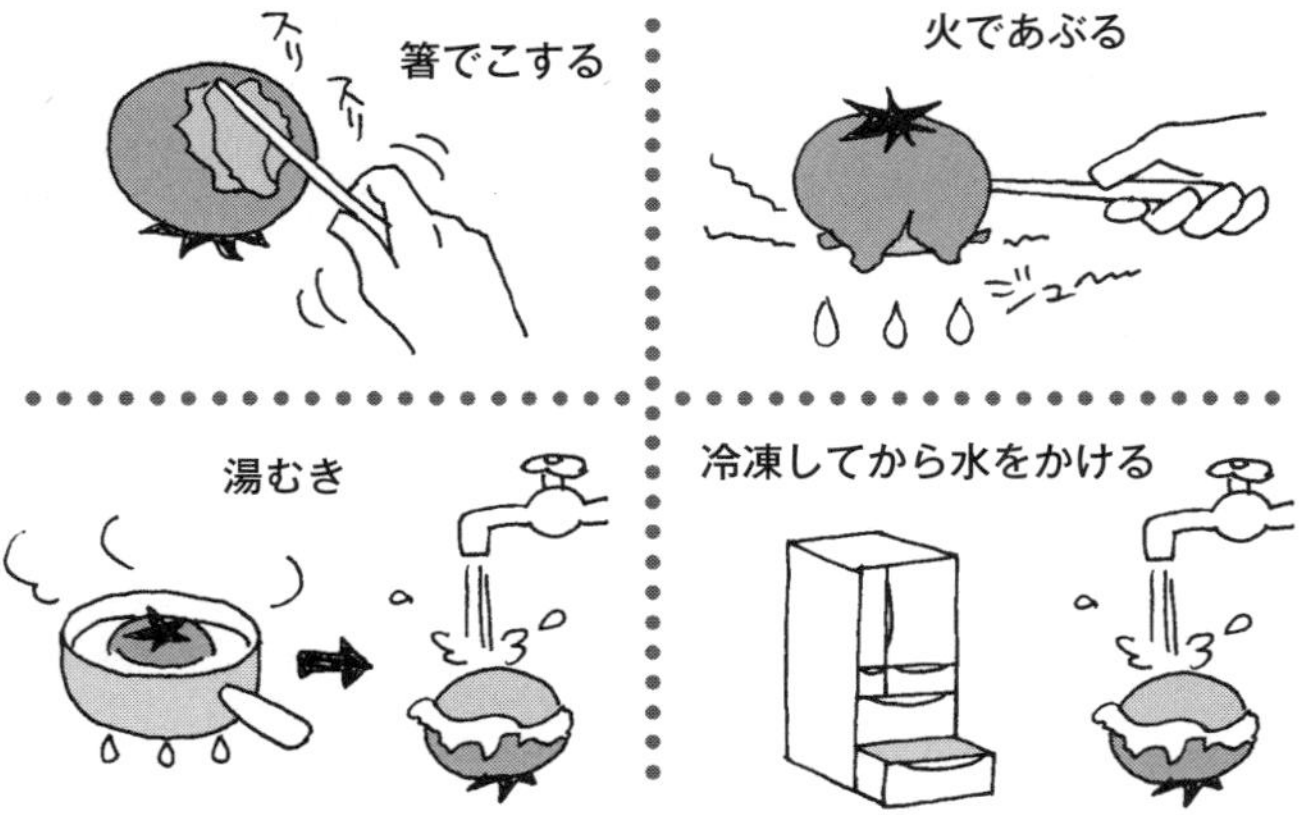

とともに皮に亀裂がはいるので、それを水にさらせば、ツルッと皮をむくことができます。また熱湯を用意し、そこにトマトを入れてから冷水にとってむく「湯むき」と呼ばれる方法もあります。

皮に包丁で十字に切れ目を入れ、電子レンジで加熱（40～60秒）する方法も手軽です。

●冷凍する方法も

ウン年前の、若くスリムな頃のTシャツをむりやり着ようとすれば、肉体の「膨張《ぼうちょう》」に耐えられず、無残にビリリ……となってしまいますよね。実はこの「膨張」効果を利用して、皮をむく方法もあります。

まずはトマトを冷凍庫で凍らせ、カチカチの状態にします。すると果肉の水分が凍ることで果肉が膨張し、皮はピチピチ状態になります。そこに水を一気にかければ「ピチピチ」から「ビリビリ」に変わって、自然に皮がむけるのです。ペクチンは冷凍してもこわれないので、ペクチンの栄養素を壊すことなく皮も簡単にむける、オススメの方法です。

第2章

調理

もっとおいしくなる！　とっておきのワザ

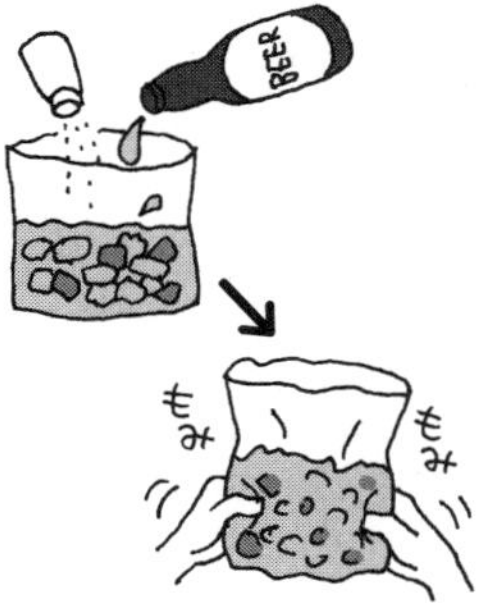

おばあちゃんの知恵「さしすせそ」の科学

料理では、調味料は「さしすせそ」の順に入れるといわれます。さ＝砂糖、し＝塩、す＝酢、せ＝しょうゆ（昔は〝せうゆ〟と書いた）、そ＝みそ、という順番です。鍋に入ってしまえばみな同じ、と思うかもしれませんが、昔からの言い伝えには、ちゃんと理由があるのです。

●砂糖を先に食材にしみこませる

まず、砂糖と塩。これらはしみこむはたらきに差があります。塩のほうがしみこむはたらきが強いのです。汁の中に入れれば、砂糖、塩はそれぞれ分子やイオンという非常に小さな粒に分かれます。砂糖は砂糖の分子に、塩はNa^+（ナトリウムイオン）、Cl^-（塩化物イオン）に分かれます。塩は砂糖に比べて粒が小さいので、食材にしみこみやすいのです。

そのうえ、塩には食材を引きしめるはたらきがあるため、砂糖はますますしみこみにくくなってしまいます。こうなると、後からいくら砂糖を加えても食材にしみこんでいかず、なかなか甘くなりません。しょうゆにも塩分がありますから、同じように考えることができます。

酢は、フタを開けるとツンとした香りがし

「さしすせそ」を使いこなそう！

さ＝砂糖

分子が大きいため、塩やしょうゆより先に入れないと、具に味がしみこまないので注意！

し＝塩

塩はしょうゆや調理酒など、いろいろな調味料に含まれています。料理に入ってしまえば、すべて「塩」です。入れすぎた塩をとり出すことはできないので、はじめは少なめに。

す＝酢

揮発性のため、早く入れると調理の熱で香りが飛んでしまいます。

せ＝しょうゆ

しょうゆやみその香りやうまみの成分は「アミノ酸」です。これは、加熱しすぎるとこわれてしまいますので注意が必要です。

そ＝みそ

みその命でもある香りを楽しむためにも、みそは最後に溶き入れるのが一般的。食材に味をしみこませる「みそ煮」の場合も、みその半分はとっておいて後から入れるといいでしょう。

ます。揮発性（液体が常温で気体になって蒸発する性質）があるからです。そのため、早く入れると調理の熱で香りが飛んでしまいます。「す・せ・そ」の3つは加熱によって風味が損なわれやすい調味料です。そのため、最後のほうで加えることになります。

ただし、「す・せ・そ」の順番は絶対ではなく、たとえばみそ煮では、みそは早いうちに入れます。大切なのは「砂糖と塩」の順番です。

煮るとおいしくなる秘密

「煮る」「ゆでる」。どちらも私たちの食生活には欠かせない調理の方法です。ところで、煮たりゆでたりすることで、肉や野菜にはどのようないいことがあるのでしょう?

●うまみを引き出す

うまみとは、肉のエキス分に含まれるアミノ酸や糖などで、かつお節や昆布のだし汁にもイノシン酸やグルタミン酸といったうまみ成分が含まれています。これらのうまみ成分は水に溶ける性質があります。お湯にはもっと溶けるのです。

●アクを出す

野菜の成分には有機酸があります。たとえばほうれんそうに含まれているシュウ酸も、有機酸の一種です。有機酸も水に溶ける性質があります。お湯にはもっと溶けます。シュウ酸はカルシウムと結合するとシュウ酸カルシウムになり、胆石の原因になりますが、ゆでることで、このシュウ酸をゆで汁に溶《よう》出《しゅつ》させることができます。

なお、食品に苦みや渋みまたはえぐみを与える物質をアクと呼んでいます。シュウ酸はアクのひとつです。野菜のアクの成分には、シュウ酸以外に、ホモゲンチジン酸、苦みの

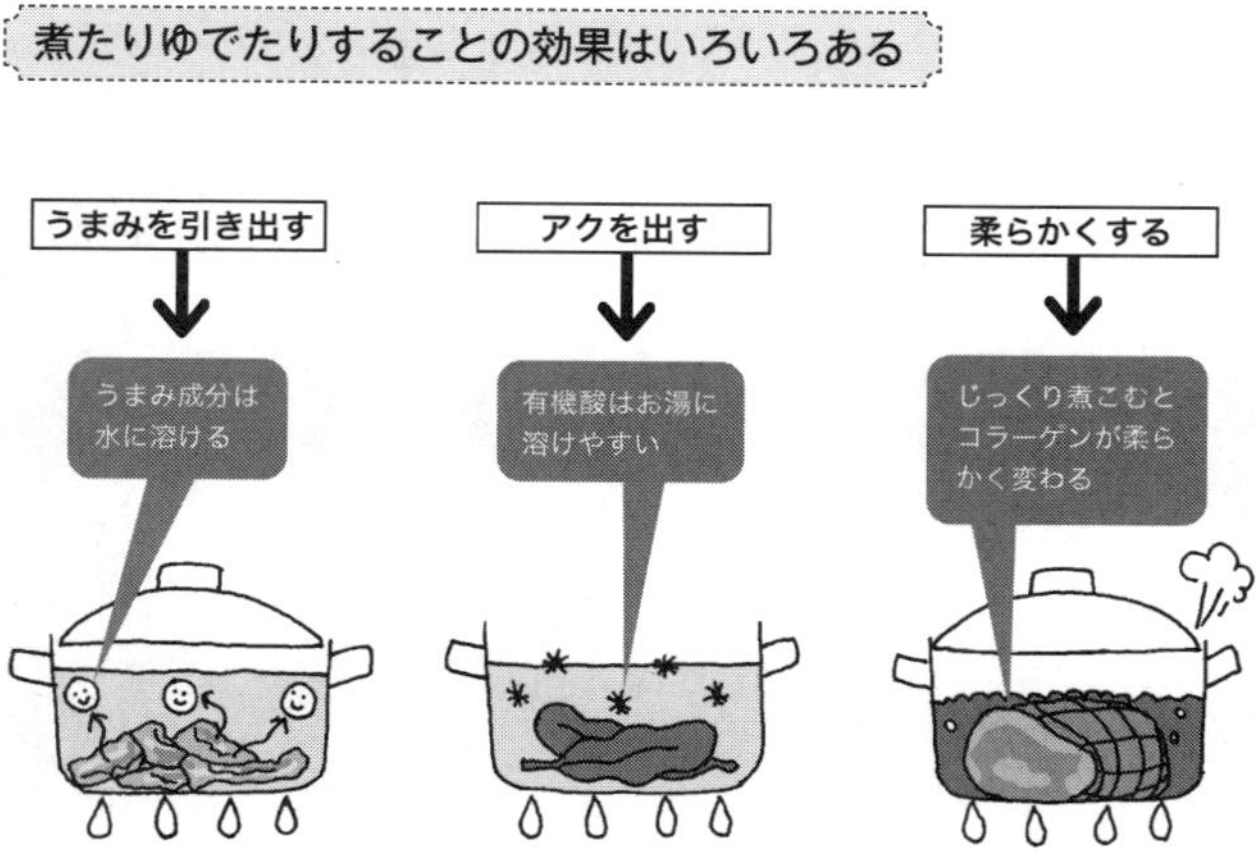
煮たりゆでたりすることの効果はいろいろある
うまみを引き出す
うまみ成分は
水に溶ける
アクを出す
有機酸はお湯に
溶けやすい
柔らかくする
じっくり煮こむと
コラーゲンが柔ら
かく変わる

もとになるアルカロイドや有機および無機の塩類、渋みを出すタンニン系物質などがあります。ほうれんそうや小松菜をゆでるだけでアク抜きができるのは、アクのシュウ酸が水に溶けやすいためです。

柔らかくする

シチューや煮豚の肉が柔らかいのは、じっくり時間をかけて煮たりゆでたりすることで、肉に含まれるコラーゲンという固い物質が柔らかいゼラチンに変わるからです。

また、いもは煮ることで細胞膜や細胞間にあるペクチン（炭水化物の仲間で、細胞同士を接着する糊の役目をもっている）が溶けて、細胞間の結びつきが弱くなり、柔らかくなります。ほかの野菜についても同様です。

パスタをゆでるとき、なぜ塩を入れるの？

パスタをゆでるとき、そのお湯に塩を入れますね。ところが、うどんやそうめんの場合には入れません。いずれも小麦粉でできた麺なのに、どうしてそんな差があるのでしょうか。パスタの場合だけ塩を入れる理由には、小麦粉の種類の相違が関係しているのです。

●小麦粉の種類はタンパク質の量の違い

小麦粉は、それに含まれるタンパク質の量で3種類に分けられ、多い順に、強力粉、中力粉、薄力粉と呼ばれています。小麦粉に含まれるタンパク質は、グルテニンとグリアジンであり、水を加えてこねていくと弾力のあるグルテンができてきます。このグルテンが多いとコシの強い麺となるのです。

欧米で収穫されている小麦は、主にタンパク質が多めに含まれる硬質小麦で、それから得られる小麦粉は強力粉となります。それを使うので水を混ぜてこねていくと、コシの強いパスタができてくるのです。

ところが、日本で収穫できる小麦はタンパク質が少なめの軟質小麦なので、薄力粉となるのです。それで作られるうどんは、グルテンの量が少なめになり、弾性の弱いものになってしまいます。そこで、コシを強くする秘策が塩を加えることなのです。塩にはグルテ

パスタを歯ごたえよくゆでるコツ

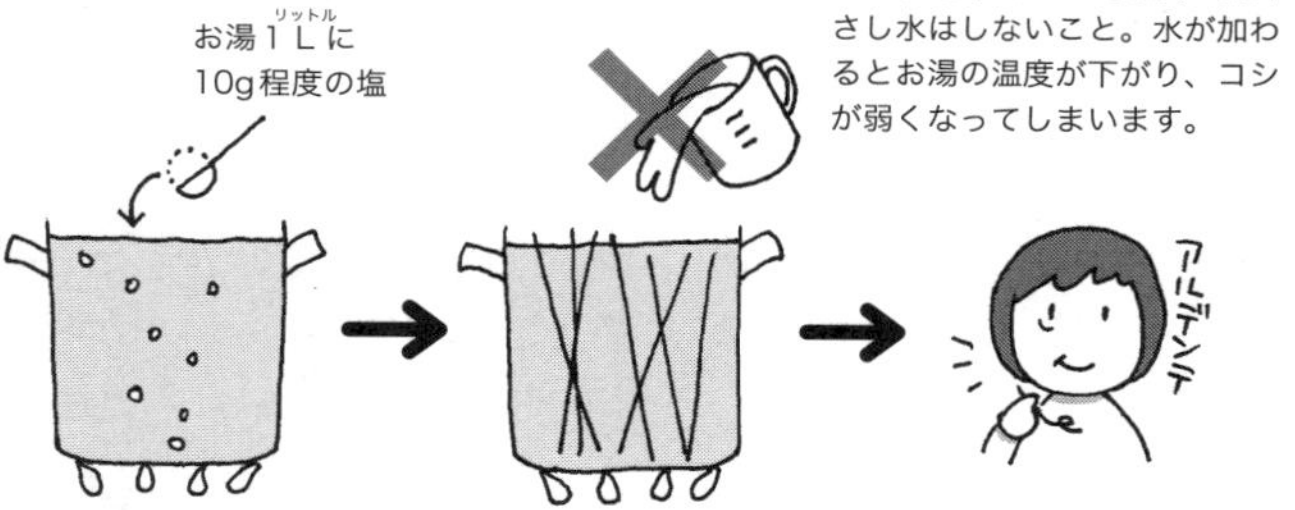
お湯1L《リットル》に
10g程度の塩
パスタをゆでている途中では、さし水はしないこと。水が加わるとお湯の温度が下がり、コシが弱くなってしまいます。
アルデンテ

大きな鍋で、たっぷりのお湯を準備します（パスタの８～10倍以上の分量）。お湯が少ないと、麺を入れた瞬間にお湯の温度が下がってしまうためです。

お湯が沸騰したら、パスタを一気に入れ、最初の数分は、麺同士がくっつかないようによくかき混ぜます。たえず沸騰している高温でゆでるのが重要です。

ゆで時間は、麺の種類で異なります。袋などに目安の時間が書かれていますが、その数分前から、実際に噛んでみるといいでしょう。

ンを引き締め、麺の弾性を強める性質があるので、麺を打つときに加えているのです。

●パスタを歯ごたえよくゆでる塩

強力粉で作られているパスタをゆでるときに塩を加えるのはなぜだと思いますか。もちろんおいしくするためですよね。それは、味のみならず、食感も変えるためなのです。

塩を加えると、パスタそのものに塩味が加わります。さらに、先ほど述べたグルテンを引きしめる効果があるので、よりコシの強い麺としてゆであがるのです。アルデンテの歯ごたえを作り出すためには、ゆでるときに加える塩も重要なのです。

なお、塩は、食卓塩（純度が高い塩化ナトリウム）よりも粗塩（天塩）のほうが味に深みが生じるというシェフも多いようです。

揚げ物を上手に揚げるコツは、油の種類と温度

揚げ物ほど単純でありながら、調理の腕が如実に反映される料理も珍しいですね。「天ぷらやとんかつは外食に限る」と思っている人も多いことでしょう。

上手に揚げるコツとしてよくいわれるのは、「油の種類」と「適正な油の温度」です。揚げ物で求められるのは、天ぷらや白身魚やエビフライは表面をカラッと、とんかつはしっとりと、かつ、いずれも内部まで適度に火を通して揚げる、ということです。そのためには、油の選択と温度管理が重要になります。

油の種類では、「カラッ」のほうはごま油、サラダ油、天ぷら油、オリーブオイルなどの植物性油を、「しっとり」にはヘットやラードなどの動物性脂肪を使用します。

また、温度の低下を防ぐためには、次の2点を押さえれば大丈夫です。

●内部を高温にする必要がない食材、小さい（薄い）食材、熱が通りやすい食材は、高温ですばやく揚げます。

●内部まで完全に加熱しなければならず、かつ内部に温度が伝わりにくい食材は、低温でゆっくり揚げます。

●たっぷりの油で少しずつ揚げる

ところで、いくら油用温度計で温度を正確

に測っても、うまく揚がらない経験はありませんか？

その原因は、油の量と材料の量にあります。プロはフライヤーを用いて数百gの材料に40L《リットル》近い油を使うのに対し、家庭では、1L程度の油に100gもの材料を入れてしまいます。材料に対する油の量はプロの1/10です。これでは材料を入れたとたんに油の温度は急降下。うまく揚がるわけがありませんね。

この温度低下をカバーして、家庭で揚げ物を上手に揚げるためには、油の温度が低下しないように、できるだけたっぷりの油で、材料を少しずつ入れる必要があるのです。

家庭用天ぷら鍋を選ぶポイント

できるだけ大きいこと
●材料を入れても温度が下がらない
重いこと・厚手であること
●熱容量が大きく熱を蓄えられる
●全体が均一な温度になる
熱がよく伝わる材質であること
●炎の熱がよく伝わる

MEMO 少しだけ揚げ物をしたいときは？ 「お弁当のおかずに少しだけ揚げ物をしたい」。そんなときのために、鋳物でできた厚みのある小さな揚げ鍋も売られています。買うときのポイントは、やはり厚くて重いものを選ぶことです。そうすれば、少量の油でも熱を蓄えられ、すぐに温度が下がってしまわないからです。

フライや天ぷらを上手に揚げるには？

前項に引き続き、家庭で揚げ物を上手に揚げるためのコツをみていきましょう。実はそう難しいことではないのです。

●フライは、二度揚げがオススメ

揚げ物で気になるのは、まず揚げる時間です。時間が早すぎると中まで火が通らず、遅いとまわりの衣を焦がしてしまいます。

そんなときには、二度揚げがオススメです。やり方としては1分程度揚げた後に一度取り出して、余熱を利用して3分程度そのままにします。そうすると中の温度がだんだんと上がってきます。その後、再度油の中に入れ二度目の揚げをします。そうすると中までしっかりと火が通ったフライができあがります。肉や魚の唐揚げやポテトなど、とくにカラッとさせたいときにも用います。

また、とんかつがうまく揚がらない原因としては、ひとつには、材料の豚肉自体に脂気が多い場合です。このときは、粉をつける前に布巾かキッチンペーパーなどで表面を押さえ、水気や脂気を吸いとります。さらに小麦粉をだまにならない程度にしっかりつけるとよいでしょう。また、衣を二度つけるやり方もあります。

揚がっているかどうかの目安は、「泡」と

フライをカラッと揚げるコツ

まず、1分程度揚げる。

余熱を利用して、
3分程度放置。

二度揚げをする。
油の音が高くなったら、
中まで火が通っている。

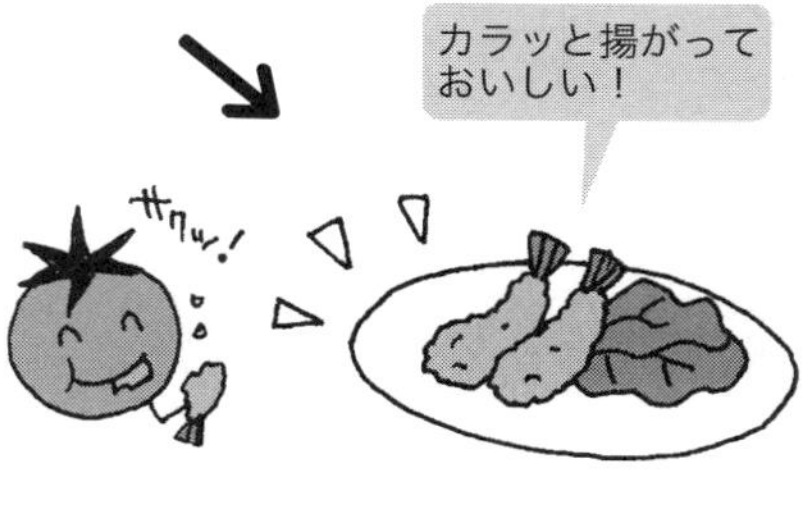

「音」です。最初は泡が勢いよく出てきますが、徐々に泡が減ってきます。また音も、低い音からだんだんと高い音に変化します。そのころに材料が浮き上がってきていれば、火が通っているというわけです。

●天ぷらは、衣のつけ方がポイント

ベチャッとしてしまう原因の多くは、衣のつけ方です。卵も粉も水も十分に冷やして、その後、卵→水→粉の順番で入れて混ぜます。決して混ぜすぎないのがポイントです。ほとんど水のような感じでサラサラしているほうが、きれいに揚がります。

混ぜすぎてしまったり、溶いて30分以上たった粉は、粘りのもとであるグルテンがふえているので、上手に揚がりません。おいしく揚げるための衣の作り方としては、このグルテンの増加をいかに抑えるかがカギになります。

また、衣がはがれないコツは、材料にムラなく小麦粉をまぶして余分な粉を払い落としてから衣をつけるようにすることです。カラッと揚げるためにも、水分をよく切ってから衣をつけるのですが、材料自体に水分を含んでいるものは衣がなじみにくいので、小麦粉をまぶして余分な粉を払い落としてから衣をつけるようにします。

用語解説 **グルテン**　小麦粉から作られるタンパク質の混合物で、パンなどの骨格を作る粘着性がある物質。温度が高いほどできやすく、水や油を吸いやすい性質があります。

食材と包丁の切っても切れない関係

皆さんの家庭の台所には、何種類の包丁がありますか？

嫁入り道具として包丁を揃《そろ》えるとき、「出《で》刃《ば》」と「刺身《さしみ》」、それに「菜切《なき》り」か「三徳《さんとく》包丁」または「牛刀《ぎゅうとう》」の3種類、さらに細工用の小さな包丁があればなおよし、というのが定番のようです。

菜切り（関東型）

刺身包丁（柳刃《やないば》）

出刃包丁

なぜ日本では包丁の種類がたくさんあるのでしょう。

日本料理では、目で味わうもの、食感を味わうものが多く、食材とそれを生かした切り方が味の重要な要素でもあるからです。

●肉と野菜の切り方の違い

さて、私たちの食卓に上る食材は、植物細胞でできている野菜や果物などと、動物細胞でできている肉や魚などに大きく分けられます。植物細胞は細胞の表面がセルロースの硬い細胞壁で囲まれているのに対し、動物細胞は柔らかい細胞膜で囲まれています。この細胞をつぶしてしまうと、細胞内のうまみが逃げ出したり、外見も悪くなったりするだけでなく、舌触りが悪くなるなど、食味が格段に落ちてしまいます。

　肉や魚は、押さえつけずに、また往復させて切ると細胞が崩れてしまうため、よく切れる包丁で、一気に引いて切らなければなりません。そのために刺身包丁や牛刀は長めに作られ、全体に少しカーブしています。

　また、切られるほうも細胞が柔らかいため、押し広げる必要もなく、刃にある程度厚みがあってもかまいません。

　一方、野菜や果物は、多少押しつけても細胞がつぶれないため、菜切り包丁で前方に押して切ります。いわゆるまな板の上で「トントン」と切るのはこちらです。刃もまな板に当たっても切り残しができないように直線に

肉や魚は一気に引いて切る

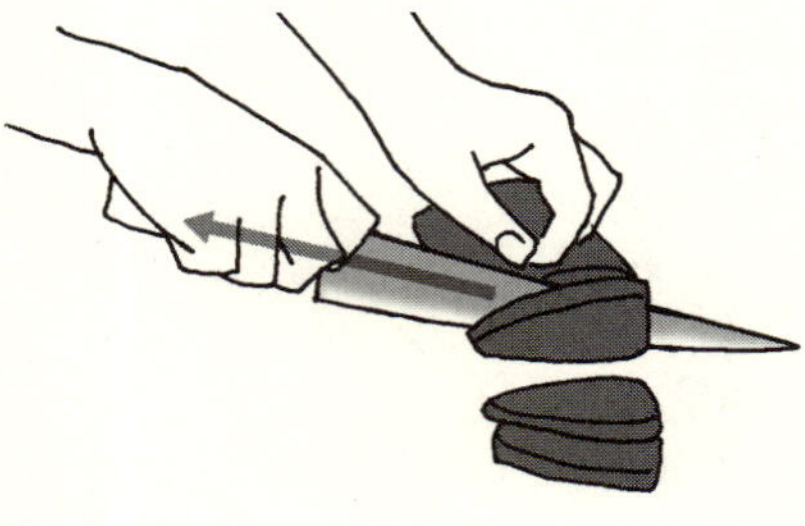

なっていて、形を崩さないために全体に薄くできています。

出刃包丁は、骨に刃先を当てずに魚や鶏をおろせるように、片刃でしかも厚く作られています。ほかの包丁を傷めないためにも、出刃包丁はひとつ持っておくといいでしょう。

野菜は前方に押すように切る

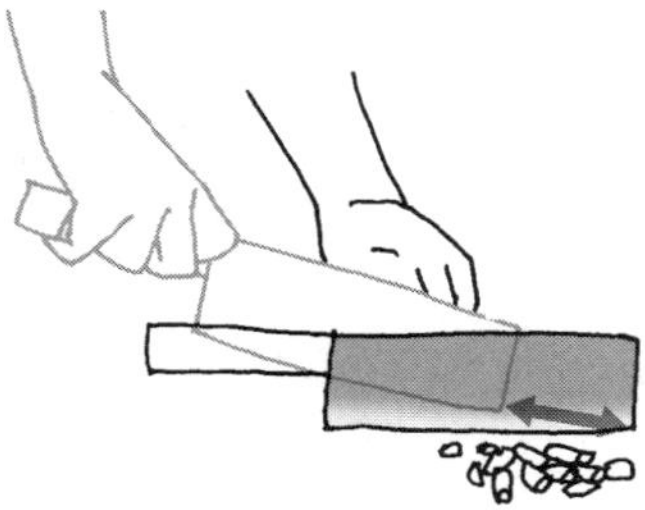

出刃包丁で魚をおろす

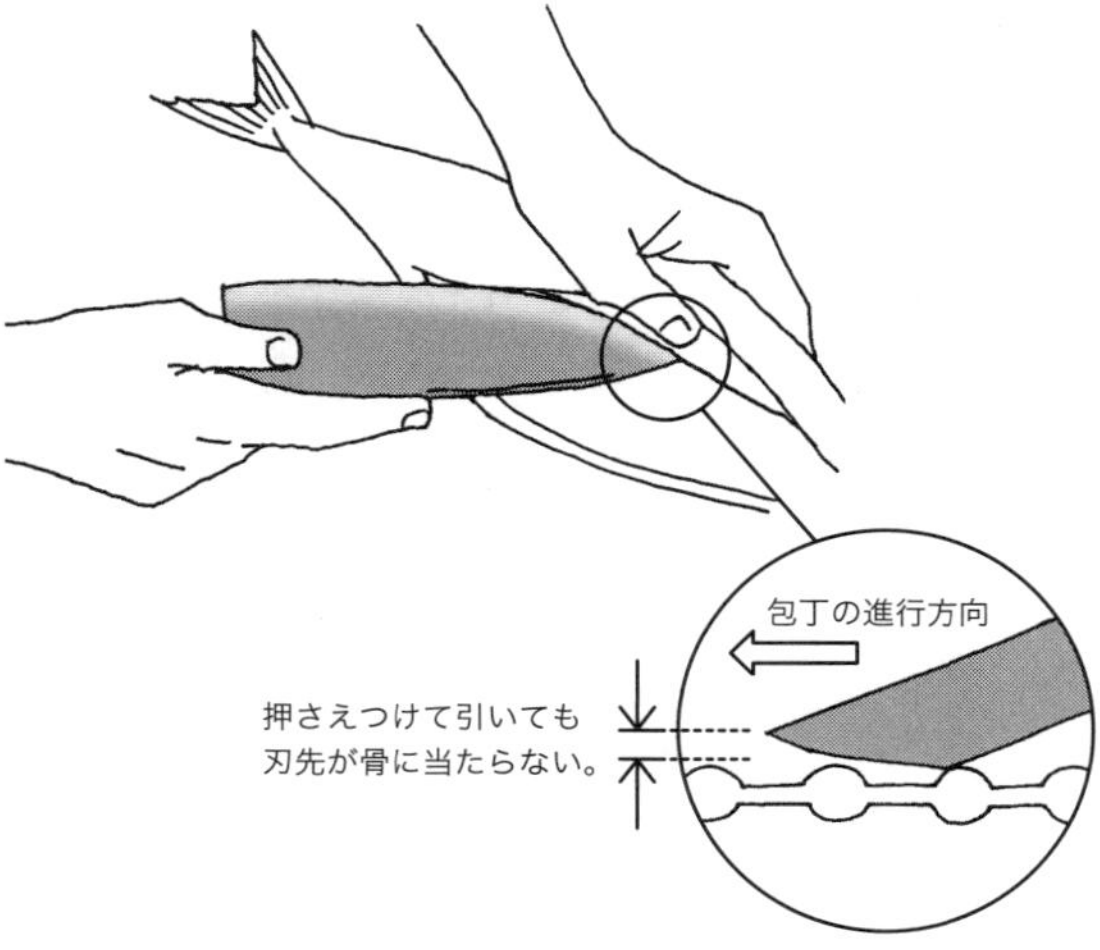
包丁の進行方向
押さえつけて引いても
刃先が骨に当たらない。

焼き物は「強火の遠火」がいい？

焼き鳥や焼き魚は、強火の遠火で焼くとよいといわれます。また炭火焼きはおいしいともいいますね。食材のおいしさを引き出すこれらの焼き方には、何か秘密があるのでしょうか？

●うまみを逃さない強火の遠火

おいしく焼けた肉や魚は、表面に適度な焦げがあり、噛んだときに肉汁がしたたり落ちます。そのように焼くには、弱い火で時間をかけて焼いてはいけません。肉汁が肉のうまみとともに外に出ていってしまい、肉がパサパサになるからです。

おいしい焼き物のコツは、まず、強火で一気に表面を焼いてしまうことです。すると、表面のタンパク質がすばやく固まり、肉汁の流出をある程度防ぐため、おいしさを食材の中に封じ込めやすくできるのです。

しかし、強い火を近づけると表面の焦げが進むだけで、中まで火が通らずに生焼けになってしまいます。それを防ぐには、食材から火を遠ざけて、熱が全体に回るようにすればよいのです。それを実現する焼き方が、「強火の遠火」なのです。

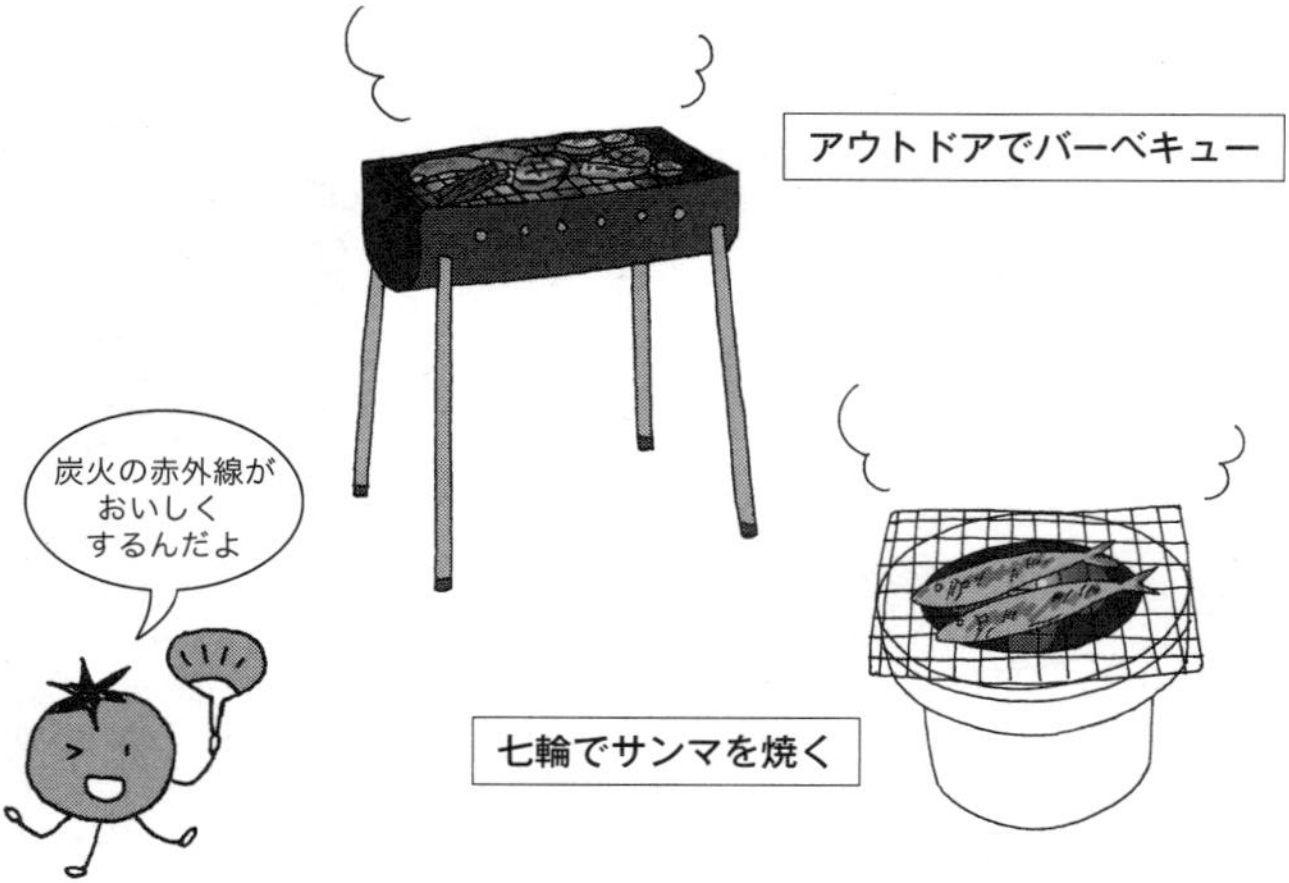
アウトドアでバーベキュー
炭火の赤外線が おいしく するんだよ
七輪でサンマを焼く

●赤外線で均一に焼ける炭火焼き

炭火はガス火などのように炎が出ず、主に赤外線（遠赤外線を含む）という熱線で食材を焼きます。炎で焼くより中まで火が通りやすく、表面だけが焦げるという失敗が少なくてすみます。また、燃焼温度が高く強火の状態ですから、まさに強火の遠火を作るには、炭火が最適なのです。

家庭の台所で炭火を使うことはなかなかできませんが、セラミックスなどの板がついて直接ガス火があたらないで焼ける焼き網などを使うと比較的うまく焼けます。

本格的な炭火焼きに挑戦したければ、点火に手間がかかりますが、七輪でサンマを焼いたり、アウトドアでバーベキューを楽しむのもよいですね。

茶わん蒸しやプリンを上手に作るコツ

和風料理の茶わん蒸しや卵豆腐と、西洋菓子のプリン。一方は蒸し器で、一方はオーブンで加熱されるという違いはありますが、どちらも卵と液汁（だし汁や牛乳）を加熱して固めた料理です。

これらの基本的な原理は、ゆで卵や目玉焼き、卵焼きといったほかの卵料理と同じです。卵の成分であるタンパク質が70～80℃で変性して固まる性質を利用します。

茶わん蒸しやプリンがゆで卵や目玉焼きと違うのは、水分量がずいぶんと多いことです。そのため、だし汁や牛乳と卵が分離しないようにうまく取りこんで均一に固めることが最大のポイントになります。

卵の溶液は、均一であれば70～80℃で固まりますが、粘り気があると対流が起きにくいので、どうしても温度のムラが生じます。温度ムラがあると、一部が沸騰して気泡ができたあとが「す」になったり、固まらないところができてきます。

ですから、温度が不均一にならないように時間をかけてゆっくり加熱することが、茶わん蒸しや卵豆腐、プリンを作るコツです。そのために、茶わん蒸しの場合、弱火で鍋のフタを少し開けたまま加熱しますし、卵豆腐は蒸し缶の下に割り箸を敷いて鍋の温度が直接

「プリン・卵豆腐・茶わん蒸し」は近い親せき

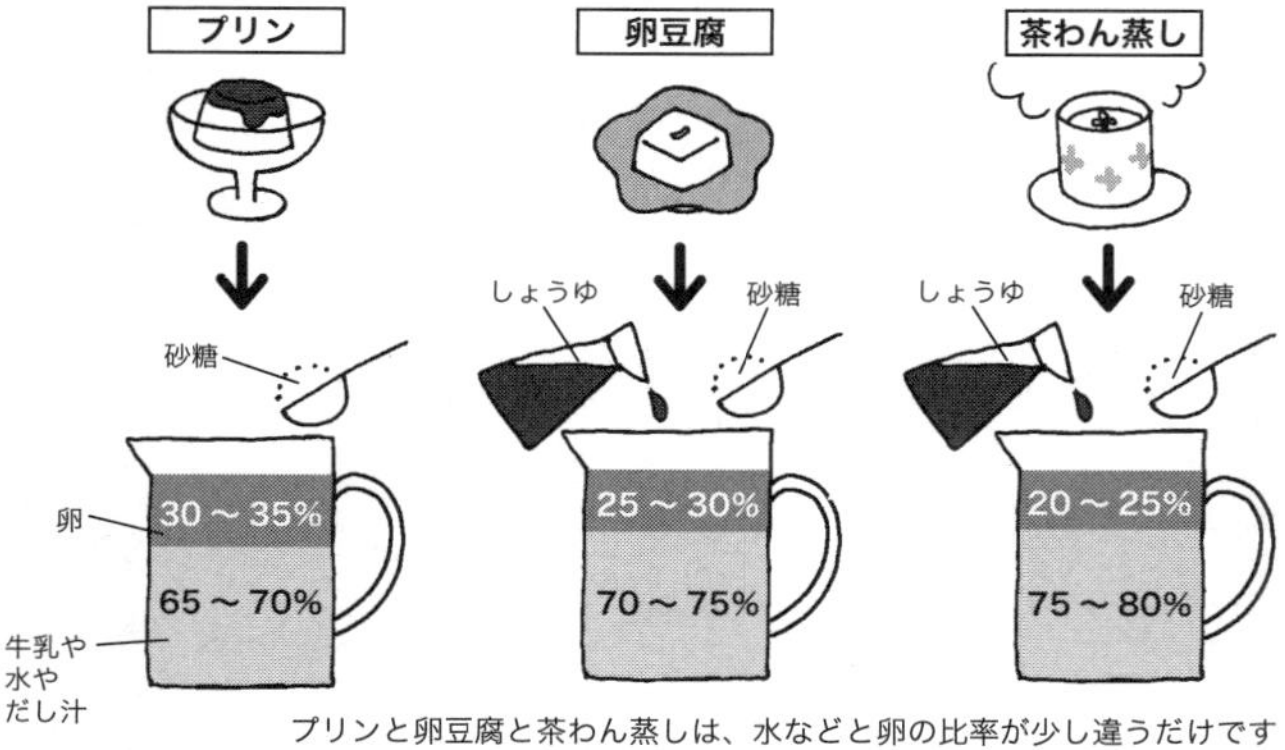
プリン
卵豆腐
茶わん蒸し
砂糖
卵
30～35%
65～70%
牛乳や
水や
だし汁
しょうゆ
砂糖
25～30%
70～75%
しょうゆ
砂糖
20～25%
75～80%

プリンと卵豆腐と茶わん蒸しは、水などと卵の比率が少し違うだけです

容器に伝わらない工夫をします。

●オーブンで「す」がたたないのは？

ところで、100℃の蒸し器と違って高温（160～180℃）のオーブンで、もっと「す」ができやすいプリンがうまく固まるのは、なぜでしょう。

それは、お湯を張った天板《てんパン》にタネの入ったプリン型を並べて加熱することで、天板から気化した水蒸気がプリンカップの表面で凝縮するときに熱を放出し、カップが蒸し器にあるのと同じように全体が均一に加熱されるからです。

なお、タンパク質を熱で固めるのでなく、多糖類の性質を利用したプリンの素なども売られています。この場合、「す」はたちません。

料理にお酒を使うとなぜおいしくなるの？

料理の隠し味として、日本では日本酒、欧米ではワインが昔から使われてきました。私たちの家庭でも、燗《かん》冷ましの残りを使ったり、安いお酒を使ったりしますね。

日本酒を日本料理に加えると不思議とこくが出るのですが、それはお酒のアルコール分というより、醸造過程で含まれるうまみ成分のせいです。だから、最近流行りのライトなお酒では効果が出にくいのです。

●料理酒にもいろいろある

そこで「料理酒」という料理専用のお酒が販売されています。料理酒のなかでも2～3%の塩分を添加したものは、飲むためのお酒としてみなされないため酒税がかからず、比較的安く売られています。しかし、これではお酒のうまみ成分よりも添加した塩分のほうが効いてしまいます。

飲むお酒より少し値段は高いですが、うまみ成分を高める醸造法で作られている料理酒も売られています。料理用のお酒としては、これがオススメです。

日本酒だけでなく、クッキング焼酎、クッキングワインもあります。メーカーは「飲んでもおいしい」と宣伝しています。お酒のうまみ成分が料理の隠し味に効いていますから、飲んでもおいしいお酒が、料理用にもいいということになります。アルコールを14％含み、主成分がブドウ糖のみりんもお酒の仲間です。みりんやワインには、料理に照りやつやを出す効果があります。

もちろん、これらの料理酒を使う場合は「煮きる」必要があります。煮きってアルコール（エタノール）を加熱処理で蒸発させます。アルコールがたくさん残っていると子どもやアルコールに弱い大人が酔っぱらってしまいます。

その点、みりん風調味料はアルコールが1％未満しか含まれていないので、みりんのかわりに使っても「煮きる」必要がないのがメリットです。

料理用のお酒はこうして選ぶ
塩分が多いものより
うまみ成分が強い
ものがオススメ！
ただし煮きらないと、
酔っぱらってしまう!?
料理酒
へろ
へろ〜
料理にお酒を加えると
● うまみ成分の効果で料理にこくが出る
● 料理に照りやつやを出す
● 肉の入った煮込み料理では肉の臭みを消す

MEMO　みりんとみりん風調味料　みりんは、酒税法上のお酒です。焼酎に米麹と蒸したもち米を混ぜ数ヵ月間置き、もち米を糖化させて圧搾する、というのが古来の製法です。元々は甘いお酒として飲まれていたものが、調味料に使われるようになったのです。しかし、かつては、みりんは酒屋でしか販売できなかったため、みりんと同じ効果を持ち、かつ酒税のかからない分だけ安い調味料として誕生したのが、みりん風調味料です。その成分は、醸造用糖類（ブドウ糖や水あめ）にグルタミン酸ナトリウムや香料を混ぜ合わせたものです。

失敗しないゆで卵と温泉卵

シンプルな料理ながら、上手に作るのはなかなか難しいのが、ゆで卵です。ここでは普通のゆで卵と温泉卵について、それぞれ失敗しないコツを説明しましょう。

かたゆで卵でありがちな失敗としては、殻が割れて白身が出てしまう、黄身が偏る、黄身が変色する、などがあります。

殻が割れるのを防止するには、冷蔵庫から出したばかりの卵は割れやすいので、水またはお湯に10分ほどつけてから火にかけることです。また卵の先が丸いほうの殻の表面に針などで空気穴をあけておくと、ひび割れはかなり防げます。それでもゆでている途中で殻にひびが入ってしまったら、すぐに火を止めて5分ほど蒸らすか、お湯の分量の1％以上の塩もしくは酢を入れてください。こうすることによって、卵白部分が固まります。

また卵の黄身の部分を偏らせず、きれいに真ん中にするには、箸でころころと転がしながらゆでるのがポイントです。

それから黄身の部分が暗緑色に変色するのは、卵を15分以上ゆでていると、白身のタンパク質の中の硫黄を含んだアミノ酸が分解されて硫化水素が発生し、それが卵黄中の鉄分と反応して硫化鉄（Ⅱ）に変化するためです。卵をゆでたらすぐに冷水にとって1分ほど冷やすと、熱の持続を避けて硫化水素の発生を止めることができ、変色を防げます。

卵をゆでる時間の目安

- **1分▶** 卵白の周囲は固まり、卵黄は生。
- **3分▶** 卵白は大部分固まり、卵黄は流れ出る。
- **5分▶** 卵白は全部固まり、卵黄の中心は半熟。
- **8分▶** 卵白は全部固まり、卵黄は大部分固まる。
- **12分▶** 卵白、卵黄とも全部固まる（全熟）。

●温泉卵を自分で作る

次に、卵白は半熟、卵黄は固まった状態の半熟卵、いわゆる温泉卵をみてみましょう。温泉卵を作るには、卵を65～70℃のお湯に入れます。10～15分たつと、卵白も卵黄も半熟のゆで卵になり、さらに20～25分たつと、卵白は半熟、卵黄は固まった状態になります。これは卵白と卵黄の凝固温度の違いによるもので、卵黄は65～70℃で固まりますが、卵白の凝固温度が高く、その温度では固まらないためです（ちなみに20～25分で卵白を固めるには、75～80℃の温度が必要）。

　この原理を利用すれば、次頁のやり方で簡単に温泉卵を自分で作ることができます。

骨ごと食べられるようになってカルシウムがとれる！

酢には肉や魚の骨に含まれるカルシウム分を溶かすはたらき（脱灰《だっかい》）があり、またカルシウムやマグネシウムの吸収を促進する効果もあります。小アジなどの小さな魚なら、酢を入れて煮ると、骨ごと食べられるように柔らかく煮ることができます。

骨まで柔らか

焼き魚にだって大活躍！

煮魚だけではありません。タイをきれいな塩焼きに仕上げたい、というようなときにも

よくこんな失敗を……

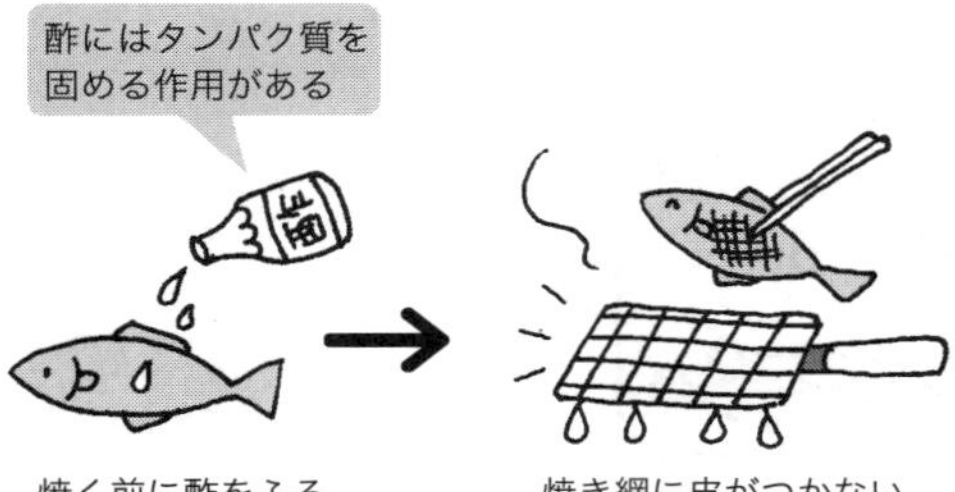
酢にはタンパク質を
固める作用がある

焼く前に酢をふる　焼き網に皮がつかない

酢は役に立ちます。酢にはタンパク質を固めるはたらきがあるので、魚に酢をふってから焼くと、焼き網に皮がくっつきにくくなるのです。

●漬けこめば日持ちがよくなる！

マリネや締めサバは、酢の殺菌効果を利用して生の魚を日持ちよく食べられるように工夫された調理法です。

ところで、酢を飲むと体が柔らかくなると昔から言われていますが、これは本当でしょうか？

確かに酢の主成分である酢酸は、骨のカルシウム分を溶かし、骨を柔らかくします。しかしそれは、骨を酢酸の中に漬けこんだような状態で、はじめて起こる現象です。飲んだ酢は、体内で分解され、酢が直接骨に届くことはありません。ですから、酢を飲めば体が柔らかくなる、ということはないのです。

刺身をおいしく食べるタイミングって？

近ごろは輸送技術の発達で「いけす」のないファミリーレストランでも、活きづくりの刺身が食べられます。でも、魚の種類によっては、少し時間をおいたほうがおいしい場合も。魚の種類やさまざまな条件、食べる人の好みによっても、食べごろは異なります。

魚は死後10分から数時間以内に魚体が硬直します。この死後硬直を起こすまでの時間や硬直している時間は、魚の種類、年齢、生きていたときの状態、漁獲の方法、死後の取り扱い、内臓の有無などによって異なります。

一般に、青魚（サバ・イワシ・ブリなど）は白身魚（タイ・ヒラメなど）に比べ硬直が早く始まり硬直時間も短いので、腐敗しやすいといえます。一方、白身魚は硬直時間が長いため、刺身に向いているといえます。

硬直時間が過ぎて自己消化をはじめると、タンパク質の分解によってうまみ成分（アミノ酸の一種イノシン酸）が増えます。味覚の点からみると、このころが一番おいしいとされます。しかし、魚は豚や鶏などの獣鳥肉に比べて筋肉が柔らかいので、硬直中も十分食べられます。むしろ身の引きしまった食感こそが刺身の重要な要素と考えるのなら、活きづくりこそ刺身を一番おいしくいただける料理ともいえます。

新鮮な魚の見分け方と上手な買い方

サワラ **5〜6月、11〜12月が旬。**

オキザワラは背に青褐色の斑点がない。大味でやや味が落ちる。

背の斑点が鮮明で光沢があるもの、腹の張っているものを選ぶ

サンマ **8月中旬〜9月上旬（ハシリ）は脂肪がのりきっていないので、前年の旬にとれた冷凍品のほうが安くて美味。**

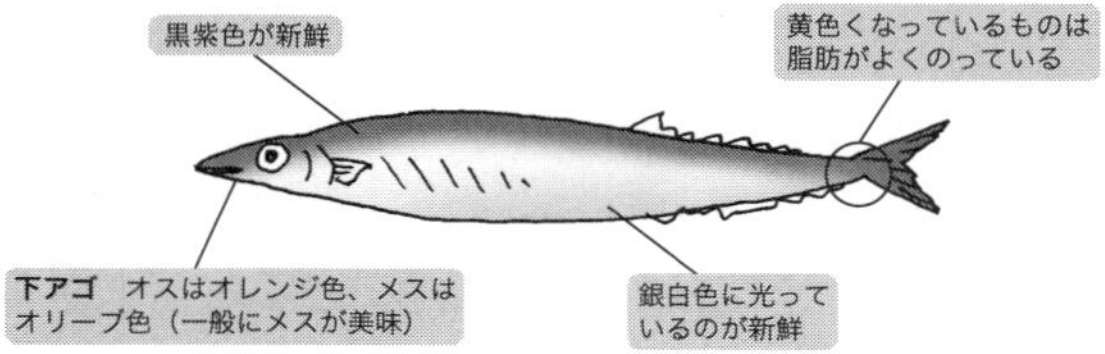
黒紫色が新鮮
黄色くなっているものは脂肪がよくのっている
下アゴ　オスはオレンジ色、メスはオリーブ色（一般にメスが美味）
銀白色に光っているのが新鮮

イワシ **秋〜冬が脂肪がのって美味。**

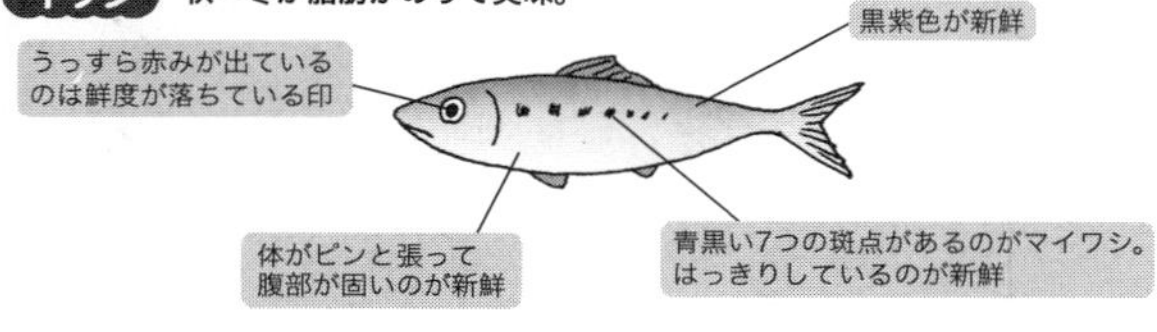
黒紫色が新鮮
うっすら赤みが出ているのは鮮度が落ちている印
体がピンと張って腹部が固いのが新鮮
青黒い7つの斑点があるのがマイワシ。はっきりしているのが新鮮

アジ **アジを買うなら満月をさけて買う。旧暦でいう25日を過ぎてから翌月10日以前が鮮度がよく値も安定している（月光が明るすぎると漁獲量が悪くなり、値が高くなるため）。夏がもっとも脂肪が多く美味。**

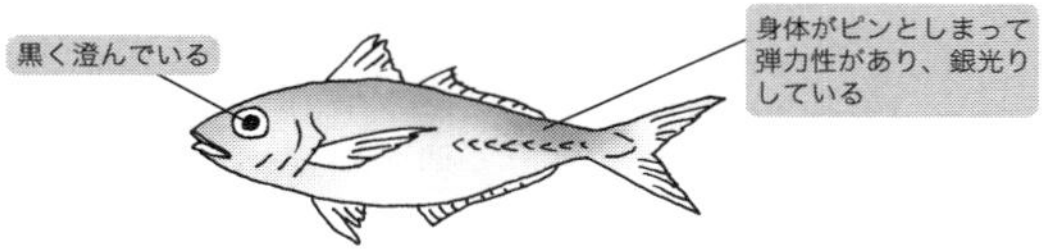
黒く澄んでいる
身体がピンとしまって弾力性があり、銀光りしている

飲み残しのビールとパンの耳で漬物が！

サンドイッチを作るときに切り落としたパンの耳や、食パンで固くなって風味の落ちた部分、それに飲み残しのビールを使って、ぬか漬け風の漬物ができるのをご存じですか？これは、もともと海外で働く日本人が漬物食べたさに、現地で手に入る材料から考え出したものだそうです。しかし、余りものを有効に活用したこの不思議なレシピ、日本に暮らす私たちも見逃す手はありませんね。

それにしてもこんな方法で、どうしてぬか漬けと同じような味の漬物ができるのでしょうか？

野菜は濃度の高い漬け液に浸すと、野菜の細胞の中の液が外の漬け液を薄めようとして外に出てしまうため、しんなりしぼみます。そのかわりに漬け液も野菜にしみこんで風味がよくなり、また漬け液の食塩などの効果で貯蔵性が増します。これが漬物の原理です。

食塩の濃度があまり高くない場合は乳酸菌などによる発酵が進むことで、日持ちはしませんが、独特の風味の漬物ができます。ぬか漬けもそのような発酵タイプの漬物です。ビールには酵母の繁殖を助ける成分が含まれています。そのため、ビールでもぬか漬けと同様に発酵タイプの漬物が作れるのです。

Column

かんたんレシピ「ビールとパンの耳で作る漬物」

パンの耳
なんかで、本当に
ぬか漬け風の漬物が
できるのかな？

材料

- ●食パンの耳
- ●ビール
- ●塩
- ●野菜
- ●好みで赤唐辛子、昆布など

❶ パンの耳を細かくちぎったものをポリ袋に入れる。

❷ 塩とビールを加え、ぬか床くらいの固さになるまで、袋の上からこねる。
（ビールの量はパンの固さを見ながら少しずつ加える。塩の量はお好みで）

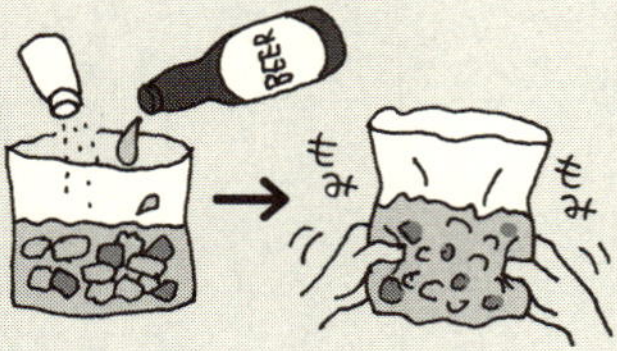
BEER
もみ
もみ

❸ できたパン床にきゅうりなどの野菜を埋める。
（パンの量が少なければ、野菜を包みこむように）

❹ 冷蔵庫で寝かせる。

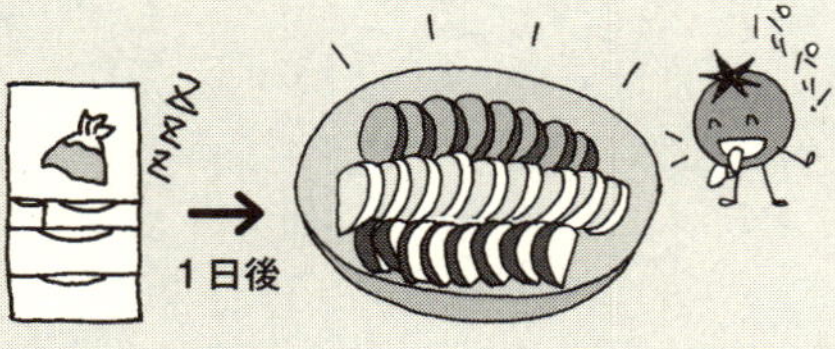
1日後

片栗粉でとろみをきれいにつけるコツ

片栗粉はあんかけの料理などでとろみをつけるのに使いますが、なぜ、あんなにドロッとしたあんになるのでしょう？　また、失敗してダマにならないためのコツはあるのでしょうか。

片栗粉は、くず粉、コーンスターチなどと同じくデンプンの一種です。デンプンは、ブドウ糖が何百個もつながったもので、ブドウ糖がまっすぐにつながっているものと、枝分かれしながらつながっているものに大別されます。片栗粉には後者が多く含まれており、水と共に加熱すると枝が広がって網を何重にも張ったような状態になり、そこに水を抱え込んで流れ出にくいかたまりができます。それがあんかけのあんの正体なのです。

ダマにならずに、あんを作るコツ

よくある失敗ですが、熱した汁の中にいきなり片栗粉を入れると、粒子の表面だけ急激に変化が進んでくっついてしまい、粉のかたまりの中まで水分が入りこめなくなってしまいます。これがダマになった状態です。また鍋の冷たい汁の中に片栗粉を入れてかき混ぜずに温めると、温まるまでに粉が沈んで、底はドロドロ、上はサラサラになってしまいます。

とろみの正体はアミロペクチン

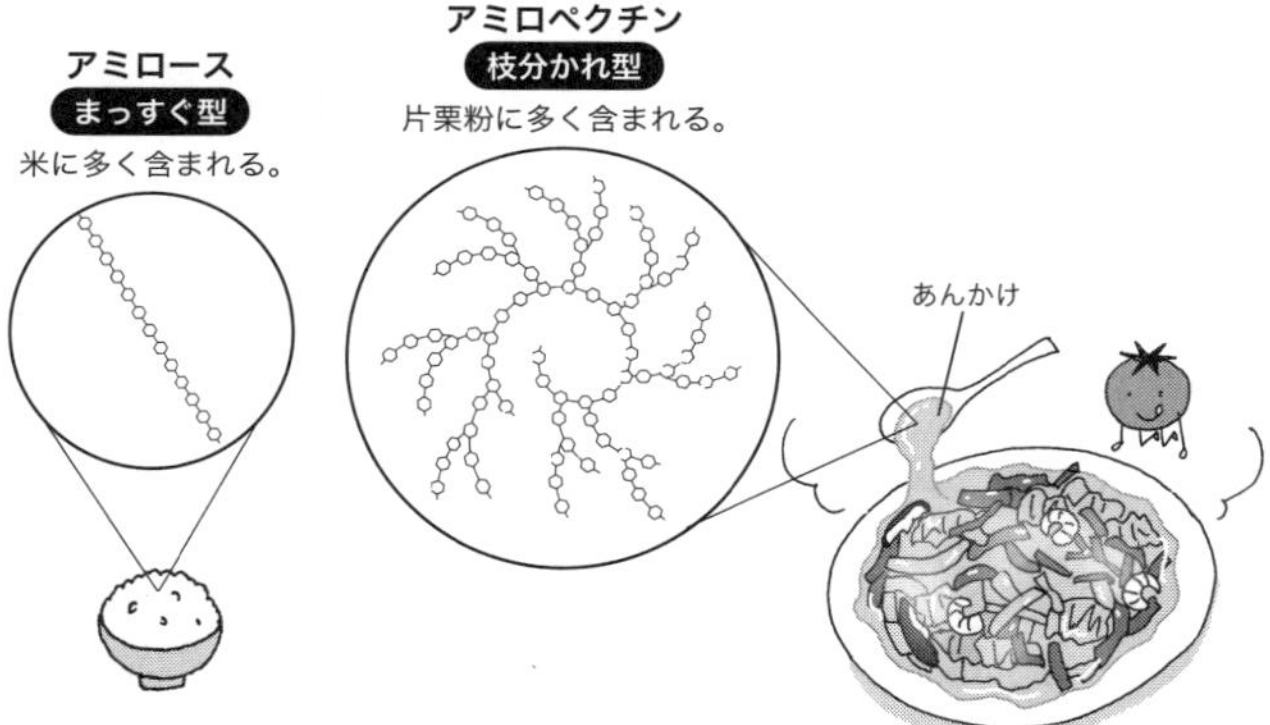
アミロース
まっすぐ型
米に多く含まれる。
アミロペクチン
枝分かれ型
片栗粉に多く含まれる。
あんかけ

　では、どうすればきれいなあんを作れるのでしょう？　つながったブドウ糖の枝がきれいに広がるには、広がるための十分なスペースと、熱と水分が必要です。ですから片栗粉の粒子をできるだけ水中に分散させて加熱するのです。片栗粉は砂糖などと違って水に溶けないので、攪拌《かくはん》しないと底に沈みます。そこで絶えず混ぜながら加熱します。色が透明になると、ブドウ糖の枝が広がったということで大成功です。

目的に応じて使い分ける

　デンプンには、汁に粘りをつけ、調味料をからませ、なめらかな舌触りとツヤを与え、冷めるのを遅らせるなどのはたらきがあります。かきたま汁で1％、あんかけで5％、くず桜餅で20％ほどの濃度のデンプンを使います。

また、デンプンは原料によって片栗粉、くず粉、コーンスターチなどに分けられます。片栗粉はきれいなとろみをつけますが、冷めると薄くなるので、冷めてもとろみを残したいときはコーンスターチを使います。目的に応じて、おいしいあんを作ってみましょう。

用語解説 **片栗粉** 元は高山植物のかたくりの根から作っていましたが、今はじゃがいもを原料としているものがほとんど。

くず粉 くずの根から作られ、菓子材料によく用いられます。

コーンスターチ とうもろこしから作られ、粘りが強い。

MEMO **片栗粉と粘りけ** 片栗粉はアミロースが25%、アミロペクチンが75%。デンプンの中にアミロペクチンが多いと粘りけが強くなります。もち米はほとんどがアミロペクチンです。

第3章

健康と栄養

食べ方で防ぐ・治す知恵

野菜と、魚・肉の食い合わせでガンになる？

「食い合わせ」の歴史は中国梁《りょう》代にさかのぼり、その中心は食法上やってはいけないこと（食禁）でした。日本では奈良時代の朝廷がこれを戒律にまとめています。

食い合わせのタブーを一般民衆の間に広めたのは、江戸時代に貝原益軒《かいばらえきけん》が著した『養生訓《ようじょうくん》』です。そこでは「同食の禁」として90種類もの食い合わせの戒めがとりあげられています。たとえば、「豚肉に、しょうが・そば・炒り豆・梅・牛肉・鹿肉・スッポン・鶴・鶉《うずら》などが悪い」などです。これからすると、豚肉のしょうが焼きはダメになります。

食い合わせのウソ・ホント

このように、食い合わせの言い伝えには、科学的根拠の怪しいものも少なくありません。「ウナギに梅干し」も、そのひとつです。

食い合わせの一方には、ウナギやナマズ、コイといった川魚がしばしば登場します。これらの川魚は腐りやすいため、冷蔵庫がなかった昔は、川魚を食べておなかをこわすことが多かったのでしょう。しかし、梅干しとの組み合わせでそれが深まることは考えられません。

その一方で「天ぷらとすいか」のように、栄養学上理解できる食い合わせもあります。

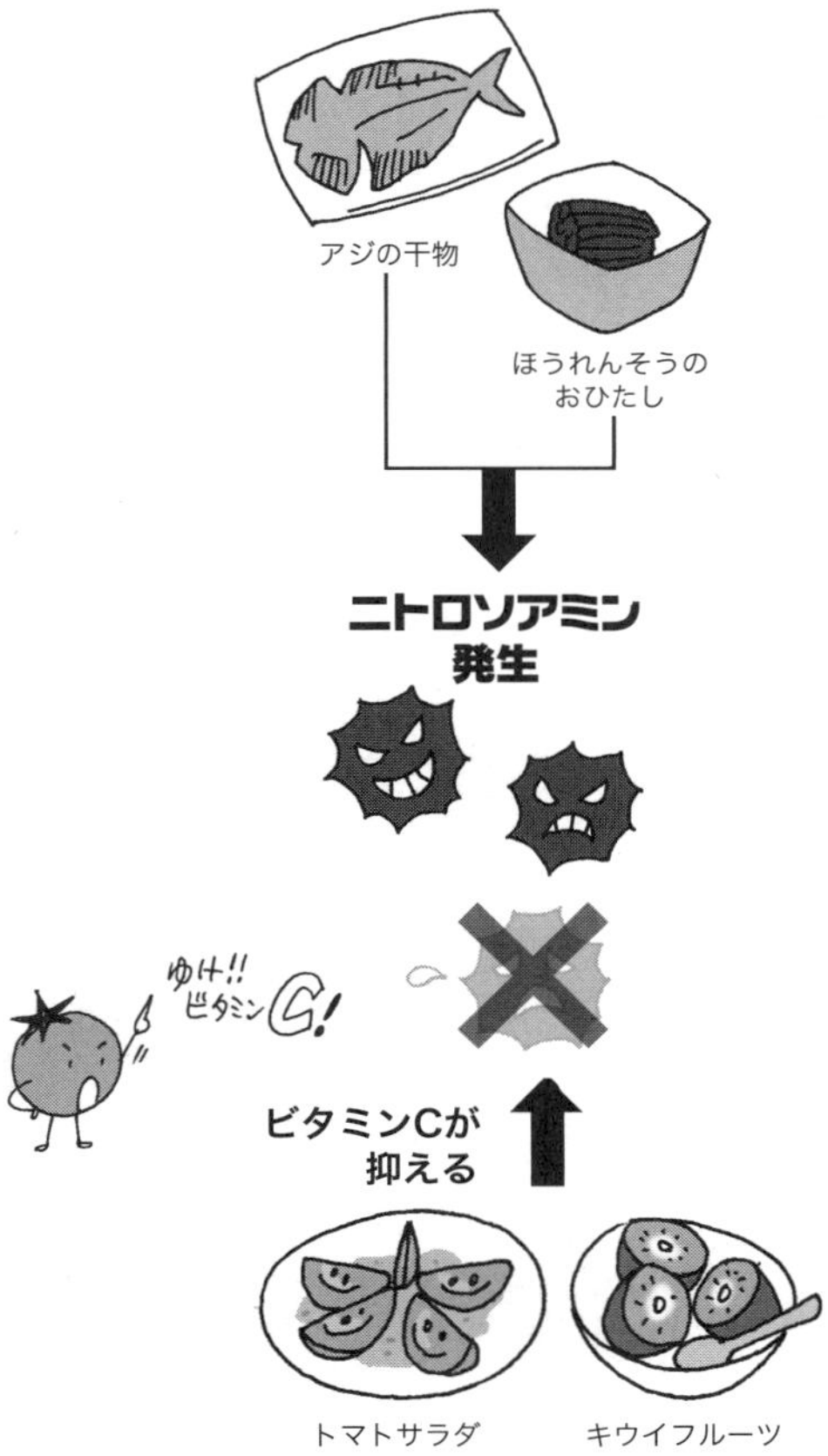
アジの干物
ほうれんそうの
おひたし
ニトロソアミン
発生
ゆけ!!
ビタミンC!
ビタミンCが
抑える
トマトサラダ
キウイフルーツ

油の多い天ぷらは消化が悪く、さらに水分の多いすいかを食べれば、おなかが冷えやすくなり油の吸収力も弱くなる、というわけです。

●気になる人はビタミンCを

現代において「危ない！」と指摘されている食い合わせは、硝酸塩を含んだ食べ物と、アミン類を含んだ食べ物です。亜硝酸塩とアミン類から発ガン性のニトロソアミンができることが試験管レベルで確認されたからです。

野菜には硝酸塩が含まれていて、食べると体内で容易に亜硝酸塩に変わります。一方アミン類は魚や肉に含まれています。とくに魚にたくさん含まれています。

つまり、野菜と同時に、魚・肉を食べると、体内で発ガン性物質ができるというのです。

ただし問題になるほどできているかどうかははっきりしません。

幸い、ビタミンCがニトロソアミンの生成を抑える効果があることがわかっています。気になる人は、野菜と、魚・肉と一緒にビタミンCが多く含まれる食品を食べることです。

人間はずっと野菜と魚・肉を食べ続けてきました。気にして、野菜だけ、あるいは魚と肉だけという偏食のほうが健康上問題でしょう。野菜も、魚・肉も、バランスよく食べたいものです。

焼き魚の焦げでガンになる？

こんがり焼きあがったサンマは、見るからにおいしそう。だけど、「焦げには発ガン性物質が含まれている」と聞いてから、焦げをむしりとって食べている方はいませんか？

とくに、焦げとガンが結びついて語られるようになったのは、国立がんセンターの発表した「がんを防ぐための12ヵ条」が広く知られるようになってからです。

ここに「焦げた部分はさける」という一文が入っているのです。

肉や魚のうまみの素は、トリプトファンやチロシンといわれる「アミノ酸」で、このアミノ酸に熱が加えられると、ヘテロサイクリックアミンという化合物が作られ、これが発ガン性物質といわれています。肉や魚の焦げには、ヘテロサイクリックアミンが含まれています。ラットによる動物実験では、焦げを食べさせ続けてもガンにはなりませんでした。ただ化学合成したヘテロサイクリックアミンを食べさせ続けたラットがガンになったことから、12ヵ条に「焦げを食べない」が入れられたのです。

●焦げを気にすることはない

実験を行った研究者は、「実際に焼き魚の皮や焼き肉の焦げを食べて腫瘍ができるため

ガンはこうしてできる

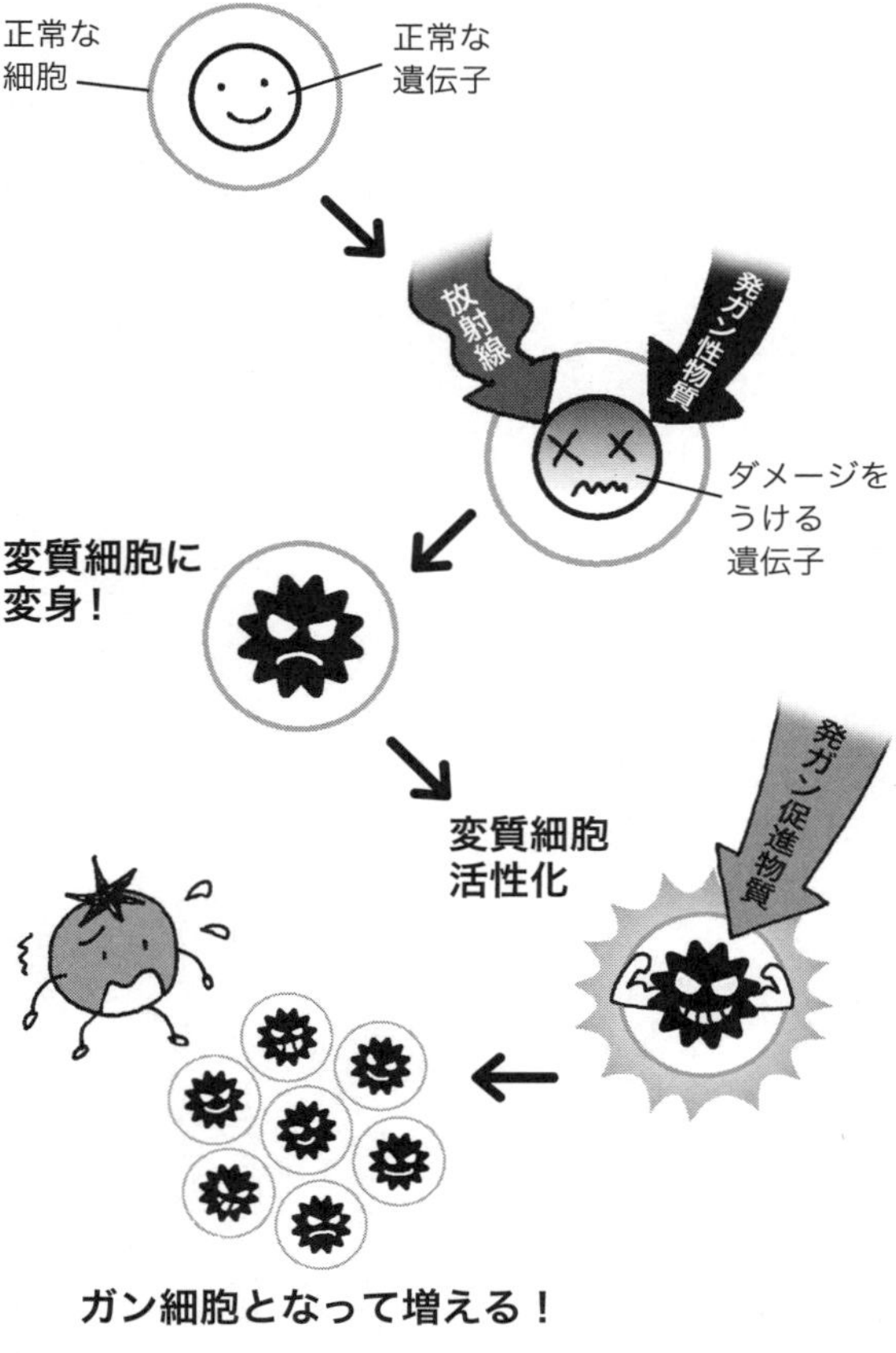
正常な
細胞
正常な
遺伝子
放射線
発ガン性物質
ダメージを
うける
遺伝子
変質細胞に
変身！
変質細胞
活性化
発ガン促進物質
ガン細胞となって増える！

〈科学的根拠に基づくがん予防〉

独立行政法人国立がん研究センター　がん対策情報センターが、2011年に発表した「がんを防ぐための新12か条」

1条　たばこは吸わない
2条　他人のたばこの煙をできるだけ避ける
3条　お酒はほどほどに
4条　バランスのとれた食生活を
5条　塩辛い食品は控えめに
6条　野菜や果物は豊富に
7条　適度に運動
8条　適切な体重維持
9条　ウイルスや細菌の感染予防と治療
10条　定期的ながん検診を
11条　身体の異常に気がついたら、すぐに受診を
12条　正しいがん情報でがんを知ることから

には、サンマなら2万尾食べねばならず、それには毎日食べ続けても10年から15年かかる」と述べています。また、ヒトの細胞が魚の焼け焦げ物質により変異を起こす可能性は、ラットの数十分の一程度でしかない、という新しい実験結果も出ています。

焦げは気にしないでいいのです。実際2011年に発表された「がんを防ぐための新12か条」からは、〝焦げ〟が削除されています。でも大変弱いとはいえ発ガン性はありますから、気になる人は、よく噛んで食べることです。だ液には発ガンを抑制するはたらきがあるからです。

用語解説 **アミノ酸**　タンパク質の重要な構成成分。
ヘテロサイクリックアミン　肉や魚などのタンパク質を焦がしたときにできる物質。

天然食品にも発ガン性物質？

「天然のものを食べていれば健康で安全だ」と思っていませんか？

しかし、有名どころでも、カビ毒、フグ毒、ボツリヌス菌の毒素、貝毒、毒キノコといった天然毒物はたくさんあります。

82ページで紹介した、野菜と、魚・肉の組み合わせでできる発ガン性物質だけでなく、わらびやふきのとう、コンフリーに含まれる発ガン性物質、焼き魚、焼き肉、ハンバーグ、干しノリ、かつお節、薫製肉など加熱処理で生じる発ガン性物質や変異原性物質、油が酸化されて生じる変異原性物質、コーヒーやお茶、みそ、しょうゆなどに含まれる変異原性物質、野菜が虫食いに対する自己防衛として自身の体内につくる有毒物質……。量としては微々たるものですが、これら発ガン性物質や変異原性物質などを含んだ食べ物を、私たちは日々摂取しています。

こうして私たちは、発ガン性物質や毒物の海のなかで暮らしています。そして天然食品だからといって、その例外ではないのです。

ガンの原因は日常の食事

アメリカでガン関係の研究者たちに聞いたアンケート調査結果があります。ずばり、ガンになる原因は何ですか、という質問です。

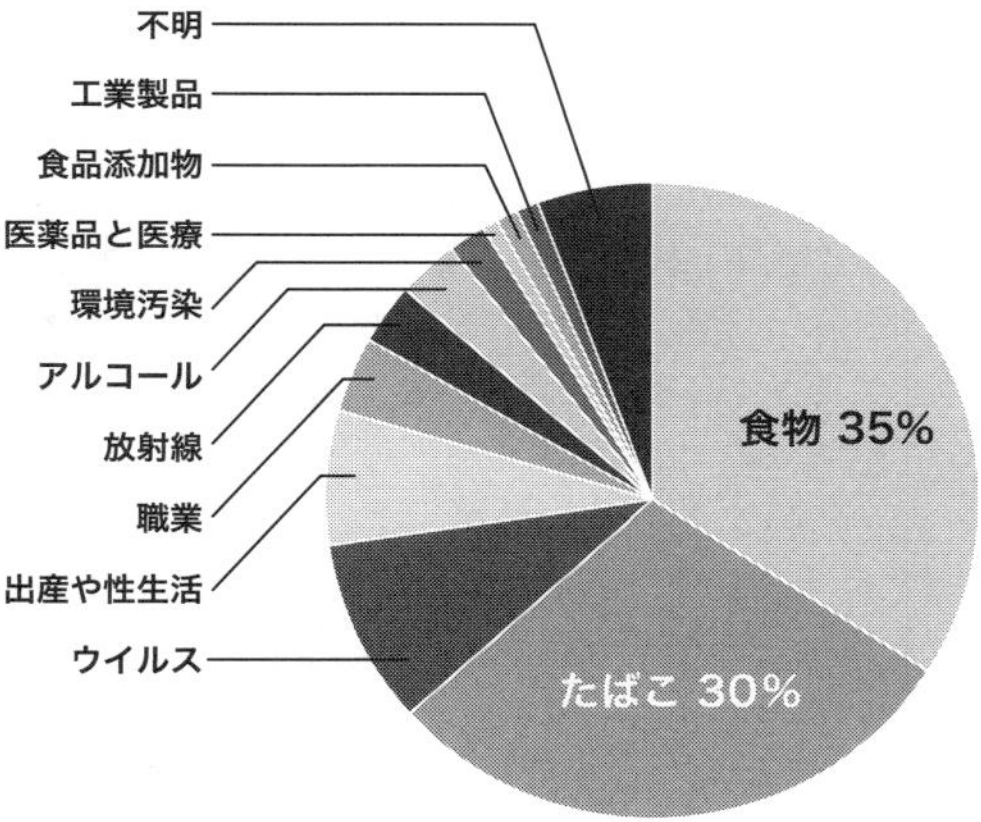
不明
工業製品
食品添加物
医薬品と医療
環境汚染
アルコール
放射線
職業
出産や性生活
ウイルス
食物 35%
たばこ 30%

普通に食べている食品より食品添加物のほうが影響があるという答えを予想しませんか。

調査結果はグラフのようになっていますが、第1位はなんと日ごろ食べている食物で、⅓も占めていることがわかります。

この結果からいえるのは、ガンになる可能性を少しでも減らすには、タバコをやめる、偏った食事をしないでいろいろなものを食べることが重要、ということです。いまだ食物と健康の関係については、「バランスよくいろいろなものを食べましょう」くらいしか確実にいえることがない状態なのです。

用語解説　**変異原性物質**　遺伝子に影響し、突然変異を生じさせる性質を変異原性といいます。その原因となる物質が変異原性物質です。ただし、〝すなわち発ガン性物質〟というわけではありません。

白い卵と赤い卵、栄養価はほぼ同じってホント？

かつて卵は貴重な食品でした。しかし50年前とほとんど値段の変わらない卵は、現代では物価の優等生です。物価の上昇率からいえば、1/10以下になったといえます。

これは、鶏の品種改良や飼育技術の進歩（鶏にとってはいずれも改悪ですが）により、大量生産が可能になったおかげです。栄養価や用途の点でもすぐれた食べ物である卵は、今や毎日の食卓に欠かせない存在です。

ところが近年この卵も、コレステロールが多いことや、飼料に添加されているホルモン剤や抗生物質などの安全性が問題にされるようになっています。

そんななかで、昔ながらの飼育方法で育てられた鶏や特別な種類の鶏が産んだ卵、または有精卵であることを付加価値とした卵が、店頭に並ぶようになりました。それらの卵は、一般に売られている卵よりはるかに高い価格になっています。たとえば烏骨鶏《うこっけい》の卵は1個で500〜800円と、普通の卵の数十倍もの価格になっています。

●栄養的に差はない

ではこうした特鶏卵は、栄養的にみてどうでしょうか。まず卵の殻の色は、鶏の品種の違いによるもので、実質は変わりありませ

卵の種類と見分け方

白玉（白色の殻）

多産系で、ウインドウレス鶏舎等で大量生産されている

赤玉（褐色の殻）

名古屋コーチン等平飼いが多い

青玉（淡い水色の殻）

青玉鶏が産んだ卵

ん。

また、有精卵は雄、雌を一緒に飼って受精させている卵ですが、これも栄養的には無精卵と同じです。しかも腐敗しやすいので保存に気をつけねばなりません。

鶏に栄養素を添加した飼料を与え栄養強化という付加価値をつけた卵もあります。たとえばヨード卵のようにヨード（ヨウ素）が通常の卵より多いものもありますが、海藻をよく食べる日本人にとっては不足することのない栄養素です。また、飼料に栄養素を添加しても、卵には影響がない場合も多くあります。

一般に安く売られている卵は白色レグホーン種で、大量生産されています。そのため飼料に抗生物質やホルモン剤が添加されていることもありますが、これらも卵には残留していません。

結局栄養的にみれば、普通の卵（白玉）で十分なのです。

用語解説 **特鶏卵** ヨウ素（海藻に多く含まれるミネラル）を強化したヨード卵、DHAを強化したDHA卵、有精卵など、付加価値をつけた鶏卵のことを特鶏卵といいます。

MEMO **卵の大きさ** SS～XLまで、規格で7等級が定められていますが、卵黄の大きさはいずれもほぼ同じです。大きいサイズほど卵白の割合が多いことになりますので、用途に合わせて選ぶとよいでしょう。また若い鶏は小さい卵を産みます。

卵の保存方法 賞味期限は生で食べられる期限を表示しています。冷蔵庫（10℃以下）で卵のとがったほうを下にして保存すれば、長持ちします。

砂糖は健康の敵？　味方？

ダイエットの天敵、むし歯の原因……。どうも悪者扱いされがちな砂糖ですが、本来、私たちの生活に欠かせない調味料であり、またさまざまな効用もあります。そのうえこうしたマイナスイメージには、誤解が多いのも事実。正しい知識を身につけ、砂糖とうまくつき合っていきましょう。

砂糖は消化されると、ブドウ糖と果糖になります。私たちが毎日主食として食べている、ごはんやパンの主成分は砂糖と同じ炭水化物の仲間のデンプンですが、これも体の中でブドウ糖に分解されて、体や脳がはたらくエネルギーになります。

砂糖はデンプンに比べると消化が早く、すぐにブドウ糖に変わります。疲れているときに甘いものがほしくなるのは、体がすぐに使えるエネルギーを求めているためです。猛スピードで発育している子どもたちが甘いものを好きなのも、体や脳を作るために速効性のあるエネルギーを求めているからだといわれています。

高カロリーでダイエットの敵という誤解

脂肪が1gあたり9kcal《キロカロリー》なのに対して、砂糖はデンプンと同じで、1gあたり4

kcal。間食に甘いおやつを食べた分だけ、一日に必要なカロリーを超えてしまう場合はありますが、食事のカロリーをコントロールしたいなら、砂糖よりもむしろ脂肪に注意すべきです。

●脳には砂糖が必要

脳の重さは体重の2%程度ですが、脳が使用するエネルギーは、摂取する全エネルギーの18%。そのエネルギー源はブドウ糖だけです。またブドウ糖は脳にたくさんためておくことはできないので、少しずつ食べ物からとり続ける必要があります。

朝食を抜くと、ちょうど学校や会社に着いて、さあ勉強、仕事を始めようというときに燃料切れで頭がはたらいてくれません。朝食はきちんととりましょう。

脳の
エネルギー源はブドウ糖

むし歯の予防には、よく噛むことと食後の歯みがき

むし歯は、口の中の細菌が食べかすをエサにして酸を発生し、その酸が歯の表面を溶かすことで起こります。食事のとき、よく噛んで唾液をたくさん出して酸を弱めるようにし、糖分を含むおやつでも、食べた後すぐ歯をみがくようにすれば、むし歯は防げます。食事の最後に水やお茶で口をゆすぐのもよいでしょう。

特に日本茶や紅茶には、フッ素やカテキンなど、むし歯を防ぐ効果のある成分も含まれています。おやつのときの飲み物も、ジュースより日本茶や紅茶がよいでしょう。

科学的に正しい「カレー」に「らっきょう」

私たちが生きていくために、食べ物を通じて体外から必ず摂取しなければならない物質があります。ひとつはカルシウムや鉄、亜鉛などのミネラル（「無機質」ともいう）で、もうひとつは、体内で作ることができないか、できても必要量をまかなえない特殊な炭素の化合物である「有機物質」です。この有機物質を、ビタミンと呼んでいます。

●ビタミン摂取は、おいしく正しく

ビタミンの必要量は、文部科学省が発表している食品成分表などから知ることができます。ただしこれらはあくまで標準値で、運動など体の状態によって差が生じます。

体に入る糖質の量が多いと、ビタミンB_1やB_2はそれだけたくさん必要になります。B_1やB_2が糖質の代謝（栄養からエネルギーをとり出すこと）に必要だからです。甘いジュースやお菓子の食べ過ぎで体調を崩すのは、このビタミンが不足するためです。体がだるい、疲れやすい、食欲がないといった症状は、軽いB_1の欠乏状態です。

豚肉にはB_1が多く含まれているので、ビタミンB_1不足にはポークカレーやカツ丼などがおすすめです。また、にんにくや、ねぎの仲間はビタミンB_1の有効利用に役立つ成分を含みますから、ポークカレーにらっきょうを添えたり、カツ丼にねぎを入れたりするのは効果があります。

●体に残るビタミン、残らないビタミン

ビタミンには、水に溶けやすい水溶性ビタミンと、油に溶けやすい脂溶性ビタミンがあります。水に溶けやすいビタミンは、たとえとりすぎても尿としてすぐに体の外へ出てしまいますが、脂溶性ビタミンは、油に溶けているので体内に残りやすいのです。

脂溶性ビタミンにはＡ、Ｄ、Ｅ、Ｋの４つが知られており、このうち過剰症が指摘されているのは、ＡとＤです。ビタミンＡの過多は皮膚のあれ、食欲喪失、吐き気、ビタミンＤの過多は高カルシウム血症をまねきます。

では、どのくらいで過剰になるのでしょうか。ビタミンＡで見てみましょう。成人男子の一日の所要量は２０００ＩＵ（国際単位）です。許容上限摂取量は５０００ＩＵ。これに対して、過剰症が心配されるのは10万ＩＵ以上です。ビタミンＡが多い食品として思い浮かぶにんじんでも、１本でおよそ４５００ＩＵです。体に必要なビタミンの不足には注意すべきですが、とりすぎてはいけないビタミンについては、通常の食事をとっている限り心配することはないようです。

ビタミンAを多く含む食品

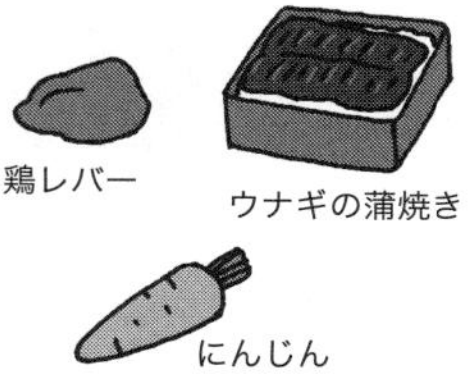
鶏レバー
ウナギの蒲焼き
にんじん

ビタミンDを多く含む食品

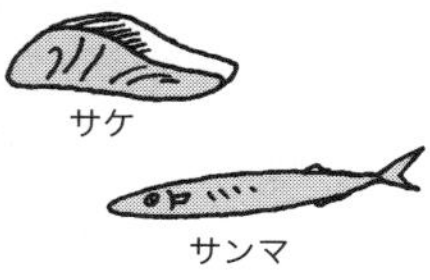
サケ
サンマ

鉄のフライパンと鍋で貧血防止

「現代の日本人に貧血が多いのは、調理器具に鉄を使わなくなったからだ」といわれて20年以上になります。昔の日本人は鉄の包丁や鉄鍋を使っていたので、調理中にその鉄が食べ物に移行して、鉄を摂取できた、そのため貧血にならなかった、というわけです。

しかし、その説はいったん否定されました。鉄鍋などに使われる無機鉄は、体内で消化される過程で溶解度の低い三価の水酸化鉄に変わり、吸収されにくくなると考えられたからです。

ところが最近の実験から、三価の鉄イオンに変わることなく二価の鉄イオンのまま吸収されることがわかりました。鉄鍋などの無機鉄の大部分は、この吸収のよい二価鉄なのです。食品のように消化のプロセスを経て鉄分をわざわざとり出す必要がないので、食品の鉄分より、鉄鍋の鉄のほうが体内で吸収されやすいというわけです。貧血に悩まされている人にとっては朗報といえるでしょう。

鉄鍋を選ぶときはここに注意!

ですが、今日からすべての調理器具を鉄にしようと考えるのは、やや早合点です。

まず鉄鍋を買うときの注意点をあげてみましょう。防サビ加工をしてあると鉄は溶け出さないので、加工していないものを買います。また、調理する際に油を使うと鉄は溶け出さないので、天ぷらなどの揚げ物では、鉄分摂取の効果はないことを知っておきましょう。シチューなど長時間煮込む料理や、酢やケチャップなど酸性の調味料を使うとより鉄が溶け出します。料理によって、鉄鍋を使用すると効果のあるものとないものがあることをよく知って、上手に使い分けすることがポイントです。

そして何よりも、鉄鍋を使用しただけで鉄分が十分摂取できるわけではなく、あくまでバランスのよい食生活が基本であることを忘れないようにしましょう。

Column

貧血はなぜ起こる？

赤血球のヘモグロビンには鉄が含まれています。その鉄は酸素と結びつきやすい性質を持っていますので、体中に酸素を運んでくれます。このとき鉄が不足すると、酸素が行き渡らなくなり、動悸や息切れ、めまい等の症状が出ます。これが一番多い貧血のタイプで、「鉄欠乏性貧血」といいます。症状が出なくても肝臓などに貯蔵された鉄が放出されて乏しくなる「潜在性鉄欠乏状態」もありますので、毎日の食事で十分補給することが大切です。

酸素はヘモグロビンに
のって運ばれるんだよ

フラワーなどの野菜や、いちご、みかんなどの果物に多く含まれています。

忙しくてなかなか野菜を食べられないときには、飲み物をコーヒーから野菜ジュースや100%のオレンジジュースにしてみます。栄養の面から見ると、これだけでも効果があります。

それでもカゼをひいてしまったときや、特に気をつけて予防したいときには、普段以上にビタミンをたっぷりとりましょう。ビタミンの性質にも注意してください。ビタミンAは体の中にためておくことができますが、ビタミンBの仲間はためておくことができません。一度にたくさんとっても、余分なものは尿として外へ出されてしまいます。

なお、これらのビタミンが有効にはたらくには、食事と同時にとることが必要です。たとえばミカンを食べるにも、食事のすぐ後に食べたほうがよいということです。

また、緑茶や紅茶には、カゼのウイルスを取り除くはたらきがあります。1時間に1度飲む程度でも効果があります。

サプリメントに頼らない

「風邪にはビタミンCが効く」という話が広まったことがあります。そのため、ビタミンCの錠剤を飲んでいれば風邪の予防になると思いがちです。ほかのビタミン類にもいえることですが、ビタミンCをとることと、ビタミンCの錠剤を飲むこととは別々のことです。食品にはさまざまな栄養素が含まれ、それらが互いにはたらきあい、健康を維持しています。風邪予防に大切なのは、バランスのよい食事ということです。

薬代わりに使えるキッチンの食材

台所にある食べ物のなかには、体にとって特別な効能をもつものがあります。その効能を知っていれば、いざというとき役立てることができます。

●しそには免疫を復活させる作用や胃の調子を整えるはたらきがあるので、漢方薬に使われることもあります。また、精神を落ち着かせたり、ストレスを減らしアレルギー症状まで落ち着かせたりする作用もあります。

●しょうがの辛み成分として含まれているジンゲロンやショウガオールには、殺菌作用や食欲増進作用があります。しょうが汁がカゼに効くのはそのためです。寿司屋で「がり」を食べるのにも、ちゃんとした意味があるのです。

●天然醸造された米酢には疲労回復を助け、イライラやストレスを解消する効果があります。疲れているときは、毎日おちょこに1杯ぐらい飲むと効果があります。

●シジミには胆汁の出をよ

くするタウリン、肝臓の機能を正常に保つのに必要なメチオニンやシステインなどが多く含まれています。そのため二日酔いにも効果があります。一日3度のシジミ汁は、肝臓の調子が悪いときの特効薬です。

●塩には消炎・殺菌効果があります。虫に刺されたら、塩に水をたらしてしめらせ、患部によく擦りこんでから水で洗い流してください。するとかゆみの元が吸い出されたようにおさまります。

そのほかにも、ホウセンカの花を漬けこんだ焼酎はびっくりするほど虫刺されのかゆみに効きます。このように、身近にあるものを使った生活の知恵を大切にしたいですね。

虫に刺されたら、
塩に水を少しつけ
て擦りこみます

Column

簡単に作れるしそビネガー

材料
- 青じその葉（調理の残り）
- 米酢（マイルドな物）

❶ 青じその葉は洗って、水気をふきとります。

❷ 青じその葉をせん切りにして、小ビンに入れます。

❸ 小ビンに青じそがつかるくらい米酢を入れて、暗い所に保存します。

❹ マリネやドレッシングに使用したり、サワーを作ったりします。

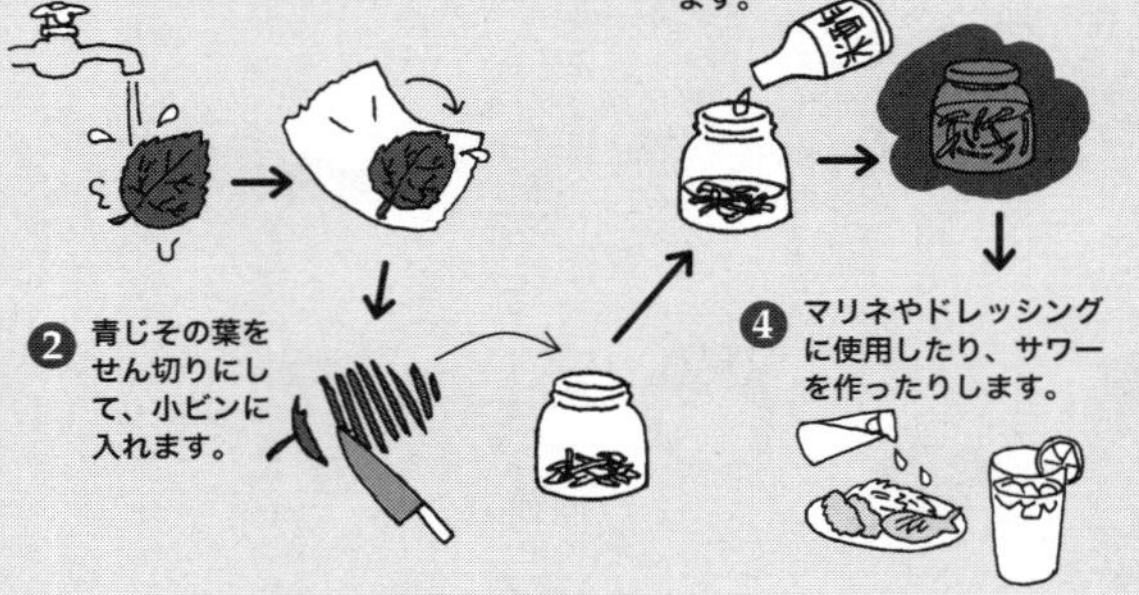

高血圧の4割は、賢い減塩で下がる

まずこのページを開いた方は、高血圧の予備軍ではありませんか？　健康診断で注意を受け、がっくりしておられる方も、一緒においしい食生活の知恵を探してみましょう。

高血圧には、原因によって本態性高血圧と二次性高血圧があります。本態性高血圧のうち食塩感受性を持つ人（4割）は塩分を控えることで血圧が下がるので、ほとんどの医療機関で、まず減塩を勧められるのです。しかし最近の研究では、食塩感受性が低い人（6割）の場合は減塩しても血圧が下がらないという結果が出ています。また、カリウム、カルシウム、マグネシウムが血圧を下げることもわかってきました。

高血圧を起こす原因のひとつは、食塩に含まれるナトリウムです。減塩をするには、軽症の場合、一日にとる塩分を7g以内に抑えることを目標とします。自分では一日に何gの塩分を摂取しているかわかりませんが(注1)血圧の様子を見ながら減塩してみましょう。減塩は少しずつするのが成功のコツです。

●塩分を控えた食生活の工夫あれこれ

まず明らかに塩分の多い漬物や佃煮《つくだに》を我慢し、しょうゆをかけず、麺類の汁は半分残す、みそ汁は具だけ食べて汁は残す、こうしたことからはじめましょう。これだけで、一日3~5gは減塩することができます。

慣れてくると、調理にもひと工夫。私たちの舌は0・3%以下の塩分では塩辛さを感じないので、一日の上限である7gの塩をすべての料理に平均して入れてしまうと、すべて無塩と感じてしまいます。ご飯をはじめ自分が無塩で食べられるものにはあえて塩味をつけず、メインの料理にしっかり味をつければ、おいしさが引き立ちます。素材は新鮮なものを選び、汁物はだしをおいしくとり（注2）、具を多くします。かけじょうゆをだしやレモン汁で割るのも効果的です。煮物は煮汁だけに塩味をつけ絡ませて食べると減塩できます。また、香辛料や薬味、油や香ばしさを上手に使うと、薄味でも結構おいしく食べられるものです。

もしすでに減塩を実行しているのに血圧が下がらなければ、あなたは食塩感受性が低いタイプかもしれません。血圧を下げるカリウム、カルシウム、マグネシウムを含む、野菜、海藻、乳製品、大豆製品を積極的にとりましょう。

自分でできる予防を進めるとともに、医師の指導や投薬を受けながら、深刻な病気を避けたいですね。

（注1） 正確には24時間蓄尿による塩分摂取量検査でわかります。

（注2） インスタントだしには食塩が入っています。またグルタミン酸ナトリウムにも、塩辛くはありませんが食塩の1/3のナトリウムが存在します。だしは天然の昆布やかつお節などでとりましょう。

用語解説 **本態性高血圧** 原因がよくわからないもの。患者の95%以上を占める。

二次性高血圧 腎臓病・妊娠中毒症などが原因の高血圧。

降圧効果のある栄養素を含む食品

mg/100g
「食品成分表2010」より

カリウム
ほうれんそう
(690mg)
アボカド
(720mg)
バナナ
(360mg)
マグネシウム
小麦胚芽
小麦胚芽
(310mg)
アーモンド
(310mg)
カシューナッツ
(240mg)
カルシウム
小松菜
(170mg)
チーズ
(630mg)
煮干し
(2200mg)
予防が
大切だね!

じゃがいもの皮って食べてもいいの?

「春の新じゃがは食べすぎるとおなかをこわす」という昔からの言い伝えがあります。じゃがいもに含まれるソラニンという毒が、春にできる新じゃがに特に多く含まれることを、昔の人は経験から知っていたのでしょう。

このソラニンは、苦みやえぐみのある有毒物質で、中毒になると、下痢、腹痛、嘔吐、発熱等を起こします。死亡例もあります。この毒はじゃがいもの全体に含まれていますが、特に外皮(そのなかでも緑化した皮)と新芽に含まれています。

調理のときに皮をむくだけで、ソラニンの大半は除くことができます。それでもいくらかは残っているわけですが、量が少なければ、体内に備わった解毒システムで処理されるので心配は無用です。

子どもの場合は特に注意!

ただし、じゃがいものソラニン中毒については、日本中毒情報センターに毎年30~40件の相談が寄せられています。以前、小学校で栽培したじゃがいもをゆでて食べた子どもたちが中毒症状を起こしたという事件がありました。担任は発芽部分にソラニンが多く含まれていることは知っていて注意しましたが、緑化した皮にも含まれていることを知らず、皮ごとゆでて食べたそうです。大人の場合、ソラニンを２００〜４００mg摂取すると中毒になるといわれています。しかし、それには２〜３kgのジャガイモを食べる必要があります。ところが子どもの場合だと、この1/10以下の量を食べただけでも中毒症状を起こすことが報告されています。

また、未熟なじゃがいもにはソラニンが多く含まれています。家庭菜園などでできた、極端に小さい未熟なじゃがいもは避けること、緑化したものは十分皮を取り除くこと、そして芽もしっかり取り除くことが大切です。保存するときはりんごを１つ一緒に入れ、冷暗所におくと発芽を防いでくれます。

Column

ケネディ家のルーツ（根）はじゃがいも（茎）？

南米アンデス地方からヨーロッパに伝わったじゃがいもは、芽を食べたエリザベス１世が中毒になったため、なかなか普及しなかったようです。しかし、寒冷な地でも育つため、ドイツでは主食になるほど栽培されるようになりました。ところが、アイルランドでは17世紀に栽培が拡大するにつれ、ベト病が蔓延し大被害を受けました。そのため餓死した人は30万人とも80万人ともいわれ、このとき生活できなくなった人々が、アメリカに移住しました。この中にあのケネディ大統領の祖先も含まれていました。もしアイルランドでじゃがいもを栽培していなかったらケネディ大統領は生まれていなかったかもしれません。ケネディ家のルーツ（根）はじゃがいも（茎）だったのです。

カキの「生食用」と「加熱調理用」の違いは？

スーパーでカキを買うと、「生食用」または「加熱調理用」という表示がついています。この区分は、鮮度によって分けられているわけではありません。厚生労働省の示す基準に基づいて、細菌数により区分されているのです。

もちろん、鮮度が落ちれば細菌数は増えます。ですから生食用のパックを買って冷蔵しても、その日のうちに食べないと危険です。パックをしていないカキは、すべて加熱調理用です。

新鮮なカキでも下痢になる？

では、生食用をその日に食べれば大丈夫かというと、「絶対安全」とはいえません。ノロウイルス（かつて小型球形ウイルスと総称されていたもの）による食中毒が冬場を中心に流行っているからです。ノロウイルスは年間を通して下水中に確認されています。これが海に流れ込むと、海水を多量に出し入れしているカキなどの体内にたまっていきます。こうしたカキを生で食べると、貝のなかのウイルス量や、食べた人の健康状態などによって食中毒を起こします。そして、このウイルスに感染している人が触った物（食べ物、調理器具など）も汚染されます。対応を誤りますと、感染者がたった一人いただけで次々と広がる恐れは十分あります。

症状が出るまでの潜伏期は1～2日。吐き気、嘔吐、腹痛、下痢、発熱（38℃以下）などが主な症状になります。一般的には比較的症状は軽く1～2日で治りますが、まれに一日20回程度の激しい下痢をすることがありますので、油断は禁物です。症状がおさまっても、その後1週間くらいは便にウイルスが排出されるとのことです。生ガキは覚悟をもって食べるしかないようです。

また、フグの毒（強力な神経毒テトロドドキシン）と同様の毒を貝がもつことがあります。フグの場合も貝の場合も有毒プランクトンを食べることで体内にその毒が蓄積されるのが原因です。貝毒については、過去に中毒事例がありますが、現在では、生産地で常にチェックされており、中毒は起こっていません。

MEMO　生食用のカキ・厚生労働省の基準

・大腸菌230以下（100gあたり）
・一般細菌5万以下（1gあたり）

Column

カキフライは「生食用」より「加熱用」のほうがおいしくなる理由

この２つは、鮮度の点では全く同じなのです。異なるのは処理の仕方です。それぞれの用途によって使い分けましょう。

生食用にするカキは、紫外線で殺菌したきれいな海水に15〜20時間漬けられるので、海で食べてきたものはすべて体外に吐き出されます。生食用として、入念な滅菌処理が施されているわけです。こうして厚生労働省の厳しい基準をクリアします。

ただしこれだけ入念に滅菌処理されるので、生食用カキはうまみ成分が減少しています。ですから、加熱調理に生食用カキを使うのは、おすすめできません。

一方、加熱調理用は滅菌処理されていないことが多いので、調理前に塩でよくもみ、水でしっかりと２度洗いします。味は、生食用に比べてこくもうまみも一枚上手。ただし、加熱調理用のほうは生食用に比べ、中に汚れが残っているうえ、雑菌が処理しきれていません。調理のときに、75℃以上で１分間以上加熱することが必要です。

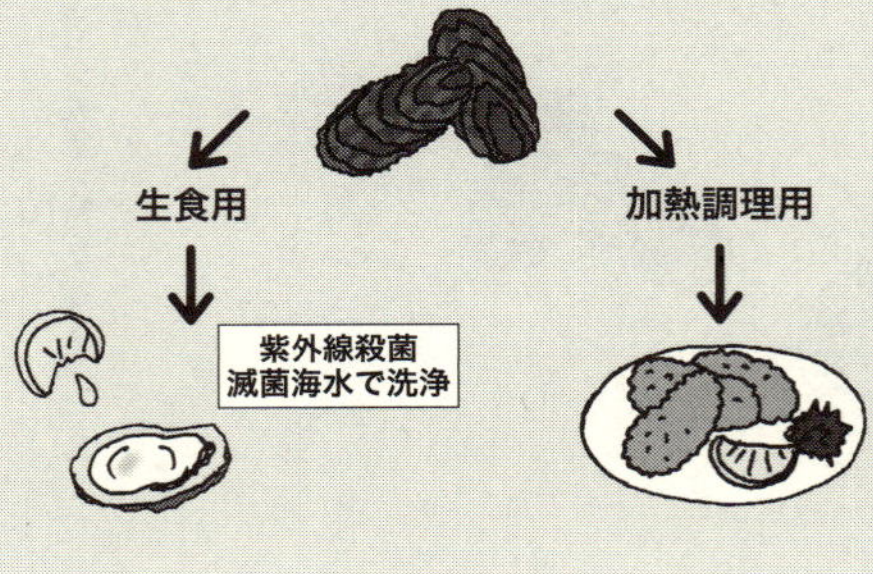

水道水とミネラルウォーターはどちらが安全？

水道水は、地域によって原水や処理方法が違うため、住んでいる場所によっては、おいしくないようです。とくに夏場に異臭を感じる、といった不満があります。また、水道水全般について、発ガン性物質のトリハロメタンが含まれているなどの不安もあります。

トリハロメタンは、浄水場で塩素処理のときに発生します。塩素と水中のゴミ、有機物などが結びついて生じるのです。

水道水にはトリハロメタンをはじめ、農薬などのさまざまな有害物質が、ごく微量とはいえ、入りこんでいることは確かです。ただし、この程度までは安全という規制値が設けられており、そのうえ実際に含まれている量は規制値よりずっと少ないのも事実です。これらをふまえて、私たちは水道水をどのように考えればいいでしょうか。

恐がりすぎず、適切な対策をとる

筆者は、次の小島貞男《こじまさだお》さんの言葉に同感しています。

「現在程度の濃度だったら、トリハロメタンの危険度は一生の間に海水浴に１〜２回いく、あるいは飛行機に１回乗るような程度のものだから、その程度に恐がるべきで、トリハロメタンだけを極端に恐れることはない。

水道水をおいしく安全に飲む方法

浄水器を使う

カートリッジの交換は定期的にね！

煮沸させてから冷やしたものを飲む

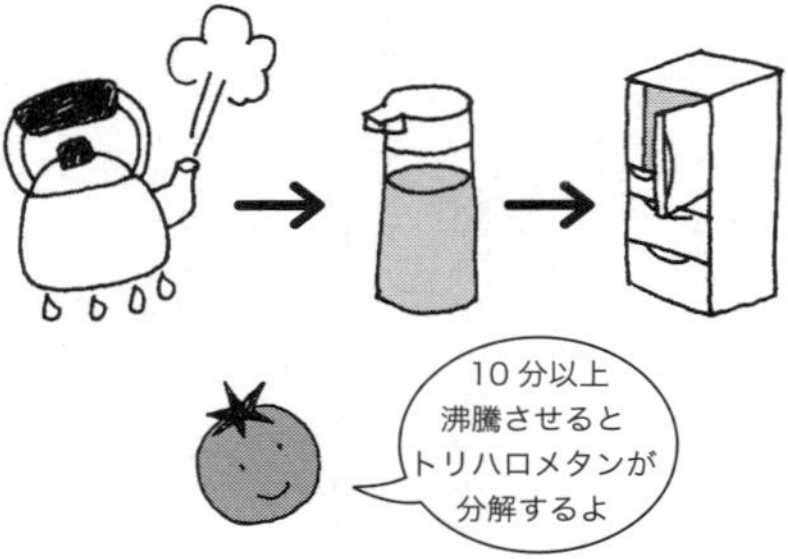
10分以上沸騰させるとトリハロメタンが分解するよ

朝一番の水はさける

飲み水には、1分くらい水を流してから使うといいよ

つまり、危険感覚というのは、バランスを保った恐がり方をすべきだと、私は、思っているわけです。しかし、放射能だって、トリハロメタンだって、ないほうがいいには違いないから、減らす努力はしなくてはならない。しかし、今にも死んでしまうかのように恐がることはない」

（中西準子対談シリーズ1『日本の水道はよくなりますか』亜紀書房）

水道水はミネラルウォーターなど他の水と比べて厳格な水質基準に適合して供給されている水です。水道水がおいしくない地域では、飲む水はお茶にするか、煮沸後冷やしたものを飲む、あるいは浄水器を通す、という対策をとるといいでしょう。

水道水のもとになる水が汚れていなければ、トリハロメタンなどの有害な物質ができませんから、根本的には、川の水や地下水などを汚さない対策が必要です。

水を飲みすぎると太るの？

「水を飲みすぎると太る」といわれます。

確かに1kgの水を飲んだ直後に体重計に乗れば、1kg増えているように、水を飲めば体重は増えます。逆に、汗などで水分を外に出せば体重は減ります。

でも、水で体重が増えても、それを肥満とはいいません。肥満とは、体に中性脂肪がたまった状態なのです。

●体に入った水は、同じように出ていく

私たちは、毎日水を飲んだり、食べ物の中に含まれている水を摂取しています。それは、口から体に入る水です。一方、皮膚の表面からの蒸発や尿などとして出ていく水があります。成人（健康な男子）で一日に入る水が約2・5L《リットル》、出る水がやはり約2・5Lですから、出入りのバランスがとれています。

水を飲んで体重が増えても、増えたままではありません。いずれは体の外に出ていってしまいます。相撲取りが新弟子検査を受けるとき、体重が何kgか不足した場合は、水をがぶ飲みします。たとえば、往年の名大関貴ノ花が検査のときにそうしてパスしたという話が残っています。

●「水で太る」ということはない

もし、水の出入りのバランスが崩れたら、水太りではなく、〝むくみ〟が起こります。これは身体の組織の間に組織液という液体がたまった状態で、医学用語では浮腫《ふしゅ》といいます。はれぼったい感じがして、指で押すとなかなか元に戻りません。長時間立ち仕事をしているときの足のむくみ、腎臓や心臓などの病気が原因の、体全体のむくみがあります。

基本的に水で太るということはありません。水はノンカロリーです。ただし糖分が含まれている清涼飲料水は、いくらさっぱりしているといっても高カロリーですから、肥満の原因になります。

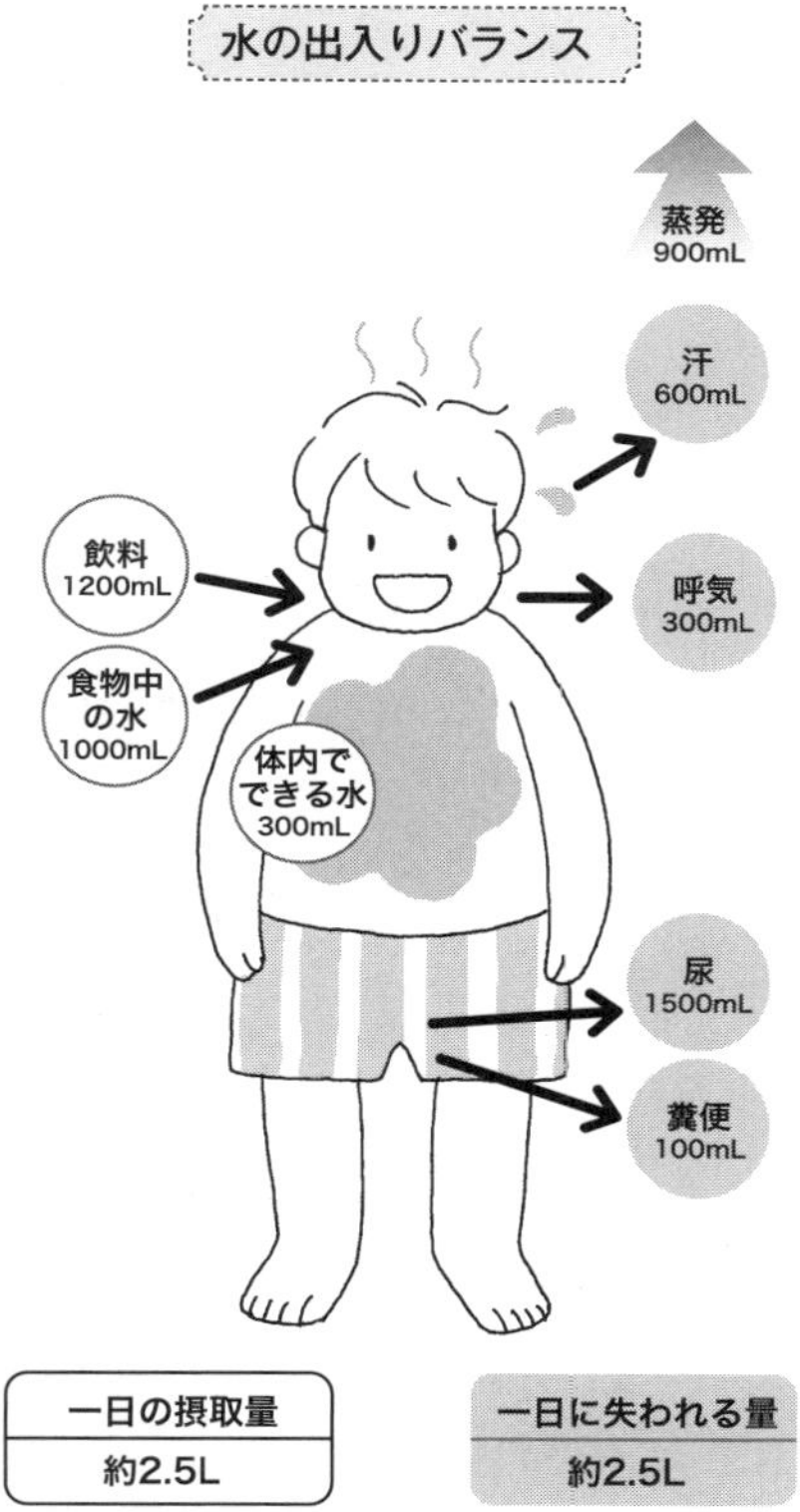
水の出入りバランス
蒸発
900mL
汗
600mL
呼気
300mL
飲料
1200mL
食物中の水
1000mL
体内でできる水
300mL
尿
1500mL
糞便
100mL
一日の摂取量
約2.5L
一日に失われる量
約2.5L

缶詰の液汁は体に悪い？

缶詰を開けたとき、液汁はどうしていますか？　捨ててしまっているという人も多いのでは？「缶詰の液汁には缶の表面の成分が溶け出していて体に悪い」などという話を聞くこともあります。はたして真相はどうなのでしょうか？

●スズが液汁に溶け出す？

缶詰の缶の内側はかつては無塗装のブリキ（鉄にスズをメッキしたもの）が主流でした。そのスズが液汁に少量溶け出すのは本当です。ただ、スズは口から入っても、体に吸収されずに排泄されてしまいます。また果物や一部の野菜では、液汁にほんのわずか溶け出したスズが、中身の色や香味の変化、ビタミンCの減少を防いでくれるというメリットもあります。そのため果物や野菜などの缶詰には今もブリキが使われているものも多くあります。それ以外の缶詰については、現在では内面を樹脂で塗装しているものが多くなりました。缶詰特有の金属臭がつかないようにし、保存性をより高めるためです。

「缶詰は開けたらほかの容器に移す」といわれるのは、ブリキ缶の場合、開缶して空気に触れるとスズが溶け出しやすくなるからです。樹脂塗装のものにはあてはまりませんが、開缶後は傷まないうちに、早く食べきってしまいましょう。

液汁は栄養たっぷり！有効に利用しましょう

缶詰というと高温で加熱殺菌しているので、栄養素はこわれているというイメージがありますが、実際は家庭で加熱調理されたものよりは栄養価が高いのです。たとえば、ビタミンCは空気に触れながら加熱されるとこわれやすいのですが、缶詰は真空状態で加熱されるので、家庭での調理より損失が少ないといえます。

ビタミンA、D、Eはもともと熱に強く、缶詰野菜のビタミンAは80～100％残存しています。水に溶けやすいB、Cは液汁のなかに多く含まれています。液汁も捨ててしまわず、ぜひ調理に利用しましょう。

MEMO　カニ缶の中身が紙で包まれているのはなぜ？　カニ缶は開けるとすぐに中身が現れず、紙で包まれていますね。これは高級感を演出する過剰包装ではなく、カニ肉の特性によるもの。カニ肉はほかの食材に比べ、硫黄分を多く含んでいますが、これが容器の鉄分と反応すると硫化鉄の黒い斑点ができてしまうのです。食べても問題はありませんが、見ばえが悪くなってしまうので、これを防ぐために、硫酸紙で包まれています。

糖尿病を防ぐ食べ方

糖尿病とは、インスリンのはたらきが低下して血糖を細胞に取り込むことが困難になる病気です。ストレスや食べ過ぎや運動不足など、日常の生活習慣がもとで発病します。

糖尿病と診断されたら食事療法を行います。特別な食事ではなく、患者の体重や運動量、体の状態に合わせてカロリーを決めた食事です。糖尿病患者の90％以上は2型糖尿病といって、このタイプの糖尿病患者は発症前に肥満である場合が多いので、食事の改善で体重を減らすと必要なインスリンの量も減り、病状がよくなる場合が多いのです。食事療法で、薬を使わずに、健康な人と全く同じ生活を送っている人がたくさんいます。

特別な体質でないかぎり、健康な人が適度な運動とバランスの良い食生活を続けていけば、糖尿病になることはあまりないのです。

●カロリーを減らし、野菜をとる工夫

現代において、平均的な日本人は肉、魚、脂質をとりすぎています。反対に、乳製品、果物、野菜は不足しています。この中で特に不足しているのが野菜です。野菜は、体の調子を整えるのに必要な、さまざまなビタミンやミネラル、食物繊維を多く含んでいます。少なくとも一日に350gとらなければなり

健康を保つための食べ方の工夫

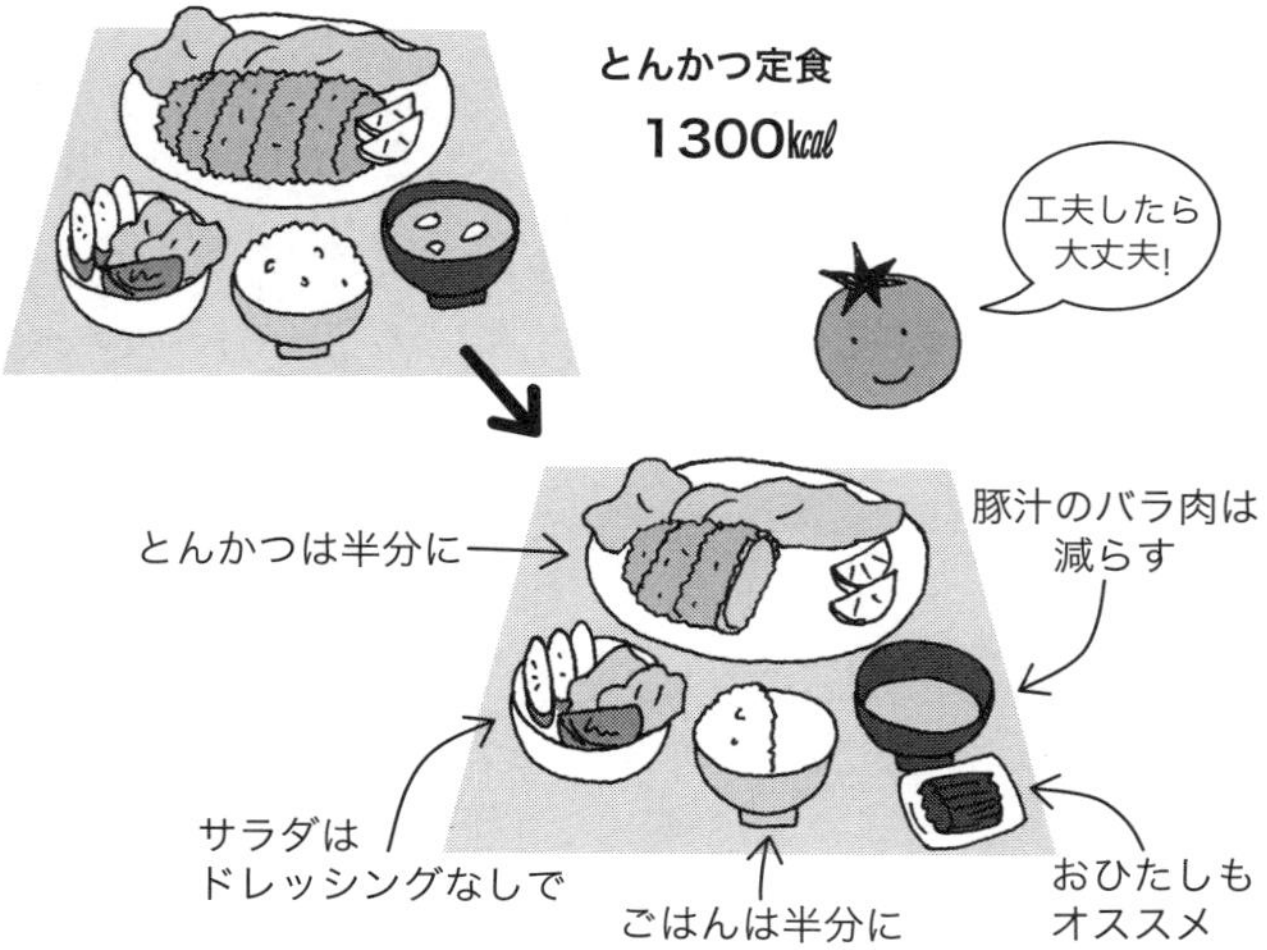
とんかつ定食
1300kcal
工夫したら
大丈夫!
とんかつは半分に
豚汁のバラ肉は
減らす
サラダは
ドレッシングなしで
ごはんは半分に
おひたしも
オススメ

ません。これは、レタス約１個分です。大変な量と思われそうですが、加熱して体積を減らせば食べることができます。

たとえば、身長が１６０㎝程度で、運動をあまりしない人なら、一日のエネルギー量は１６００ｋｃａｌ前後が適正です。もし、外食でとんかつ定食をとれば、一食で約１３００ｋｃａｌあるうえに、野菜が不足してしまいます。

でも、あきらめる必要はありません。食べるときに工夫をするのです。たとえば注文するときに、ごはんととんかつは半分にしてもらいます。また豚汁のバラ肉はできるだけ入れないようにしてもらい、野菜はしょうゆを数滴たらしてドレッシングなしで食べます。

　ストレスがたまりそうですが、先に熱い汁を飲んだり、付け合わせの野菜を食べたりしておなかを落ち着かせてから、ほかの物をゆっくりよく噛んで少しずつ食べれば、半分ぐらいでもかなり満足感を得ることができます。野菜の不足分は、単品でおひたしなどを頼むか、ほかの食事で多めにとることでおぎないましょう。

　健康であるための食事療法は、無理をせず工夫をしながら気長にとりくむことが大切です。

用語解説

インスリン　膵臓《すいぞう》で作り出されるホルモンで、細胞が血液の中の血糖をエネルギーとして利用するのを助けるはたらきをします。

2型糖尿病　糖尿病をインスリン作用不足の程度で分類したときに、インスリンを作り出すことはできますが、分泌量が十分でないか、もしくはインスリン感受性が低下しているために作用せず、症状が出ているタイプをいいます。

第4章

保存

ムダにしない！　お得なワザ

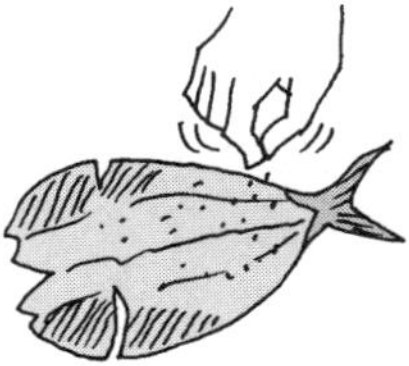

塩や砂糖に漬けると長持ちするのはなぜ？

現代では、真夏にどんな山間部に旅行をしても、おいしい魚の刺身をいただくことができます。これは冷凍・冷蔵技術や流通の進歩によるものです。それらが発達していなかったころは、魚介類は塩サバ、塩ザケに代表されるように塩漬けに、果物類は砂糖漬けにして保存していました。では、塩や砂糖に漬けるとどうして長持ちするのでしょうか。

●水分のあるところに微生物は繁殖する

食品は必ずといっていいほど水分を含んでいます。この水分はその形態によって大きく2つに分けることができます。タンパク質や炭水化物のような食品の成分と直接強く結合している結合水。もうひとつは、食品中のすきまなどに存在し温度や湿度などの変化で簡単に移動したり蒸発したりすることのできる自由水です。

微生物等が増殖するにも、当然水は必要です。微生物が利用するのは後者の自由水です。パンのように一見乾燥している食品（含水率は低い）でも自由水の比率が多ければ、カビなどの微生物は増殖します。逆にイカの塩辛のように含水率が高くても自由水の比率が少なければ、微生物は増殖しにくく保存性は高いのです。

●保存性を高めるための知恵

それでは自由水の比率を下げ、カビなどの繁殖を防ぐには、どうすればよいでしょうか？ ひとつは乾燥させることです。水分を蒸発させることにより自由水の比率を下げます。

もうひとつは、塩漬け、砂糖漬けにします。塩（砂糖）漬けすると食品のまわりの塩（糖）分濃度が食品内部より高くなります。その結果、浸透作用によって自由水が食品の外に抜け、乾燥状態に近づきます。また、塩（糖）分濃度が高くなることによって微生物の体内に含まれている水分も浸透作用で体外に出ていくので、発育しにくくなります。塩蔵と糖蔵では味の面ではまったく違いますが、食品の保存という面では同じ仕組みを利用していることがわかります。

しかし、現在は健康ブームで、減塩、低糖の傾向が強まっています。こうした減塩（低糖）食品は、そうでないものに比べ保存性は高くないので、開封したら冷蔵庫に入れ、早く食べきったほうがよいでしょう。

油・酢・酒に漬けると長持ちするのは？

今のように冷蔵庫や缶詰がなく、季節によって手に入る食品が限られていた時代、食べ物を何とか保存しようとしてきた知恵が保存食です。いつしか、それ自体が独特の食味をもつ食品としての地位を築いてきました。

そもそも、これら保存食品は、なぜ長く持つのでしょう。塩や砂糖漬けについては前項で説明しましたが、油や酢、酒に漬けた場合には、食材だけでなく、油や酢、酒自体が腐らないのはなぜでしょうか？

●「食べ物が傷む」ってどういうこと？

ひとことで「食べられなくなる（食品が傷む）」といっても理由はふたつ考えられます。ひとつは「食品自体の変質」で、もうひとつは「微生物による腐敗（分解）」です。食品を長く保存するためには、この両方またはいずれかを防止しなければなりません。

食品自体の変質は、「食品自体が含んでいる分解酵素による分解」と「酸素による酸化」が主な原因です。分解酵素はタンパク質の一種なので、加熱することでその作用を止めることができます。酸素による酸化・変質は、酸素を通しにくいものに漬けたり密閉したりすることで防げます。

一方、微生物による腐敗（分解）を防ぐた

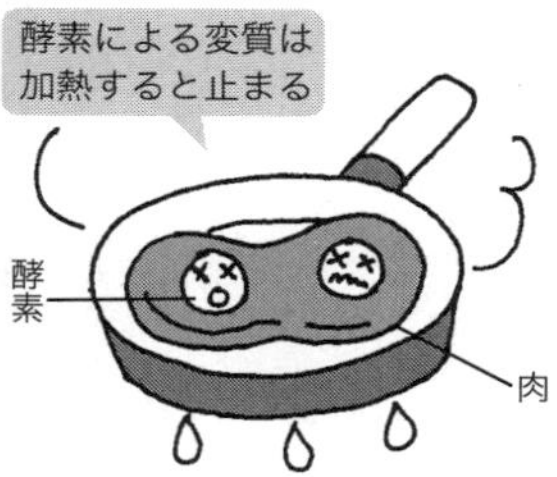
酵素による変質は
加熱すると止まる
酵素
肉

微生物に対しては
抗菌作用がある
微生物
酢
酒

めには、微生物が成育できない条件を作ればいいのです。酢やアルコールは、酢酸菌や酵母が糖類を分解して活動のエネルギー源とすると同時に、競合するほかの微生物を排除する（抗菌）ために作るものなので、みずからはそれに対して耐性があります。しかし濃度が高くなりすぎると、自分自身に対しても毒性を発揮して、活動できなくなります。

　この性質を活かし、濃縮（蒸留）することで酢酸菌や酵母を活動できなくさせるのが、酢やアルコールで、それに漬けこむのが「酢漬け」「酒漬け」です。そのため、酒漬けには焼酎やリキュールなどの蒸留酒を用います。

●油漬けは密閉する必要がある

同じように液体に漬ける「油漬け」は、このふたつとは少し仕組みが異なります。それ自体には抗菌力はないので、あらかじめほかの方法で滅菌と分解酵素の破壊を行ってから、腐敗の原因となる微生物や酸素が食品に触れないように油に漬けこみます（分解酵素を残したまま漬ける場合もあります）。

ですから、油漬けの場合は、油自体も酸化したり微生物の栄養になるので完全に密閉する必要があります。また、酢や酒漬けも、酢やアルコールが揮発しやすいので、やはり密閉しておかなければなりません。

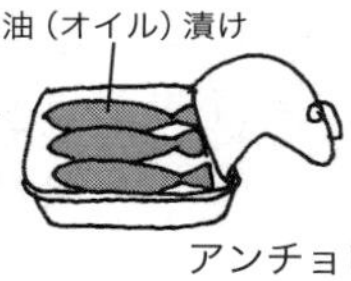
油（オイル）漬け
アンチョビ

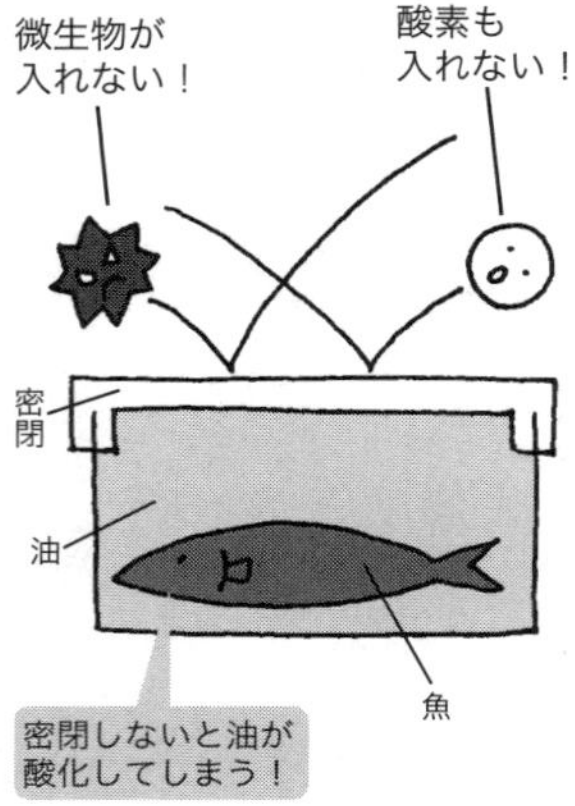
微生物が
入れない！
酸素も
入れない！
密閉
油
魚
密閉しないと油が
酸化してしまう！

「賞味期限」と「消費期限」はどう違う？

食品のラベルに印刷されている賞味期限や消費期限。賞味期限は、食品をおいしく食べることができる目安としての期限を意味します。一方、消費期限は、食品をその期日までに食べなければならないことを意味しています。

賞味期限は、その期日が過ぎてしまったからといって、食品が食べられなくなるわけではありません。商品のパッケージに記載されている決められた方法で保存されているかぎり、賞味期限まではおいしく食べることができます。賞味期限がつけられるのは、劣化の進み具合が比較的おだやかな食品で、清涼飲料水、冷凍食品、レトルト食品、インスタントの麺類などがあげられます。賞味期限は、あくまでも商品を未開封の状態で、決められた方法で保存した場合のものです。商品の口を開けてしまうと無効なのです。

消費期限は、肉や刺身、コンビニのおにぎりや弁当などのように、傷みの早い食べ物につけられます。消費期限を過ぎると、食品が腐ったり、変質したりします。また、食品添加物がある期間で変質し、健康に害を及ぼす可能性がある場合にも消費期限の記載が義務づけられています。ですから、消費期限を過ぎたものは食べてはいけません。

食品衛生法による表示の例

表示の種別	対象となる内容	表示方法	対象となる食品の例
賞味期限	製造後品質が保持できる期間が3ヵ月以内の食品	年月日	食肉加工製品（ハム・ソーセージ）、牛乳、清涼飲料水、マーガリン、冷凍食品など
	3ヵ月を超えて品質保持できる食品	年月日または年月	即席麺類、食用油、缶詰など
	数年以上長期保存できる食品	省略可	酒類、砂糖、塩、アイスクリーム類など
消費期限	製造後、数日以内で劣化しやすい食品（おおむね5日以内）	年月日	食肉、生魚、生麺類、弁当、惣菜、生菓子類など

●指定にしたがって保存することが重要

賞味期限や消費期限は、食品衛生法やJAS法という法律で、その表示が義務づけられています。食品の製造メーカーでは、その食品に望ましい保存方法だけではなく、さまざまな条件下で保存した場合での食品の変質などを調べて、賞味期限を設定します。賞味期限を過ぎたからといって、すぐに食べられなくなるというわけではありませんが、賞味期限が切れてから長い時間を経過したものは、味が変わっていたり、劣化が始まったりしていますので、なるべく食べないようにしましょう。

消費期限は食べ物が腐ったり、変質したりする期限で決まりますので、製造メーカーでまちまちということはありません。消費期限は、製造・加工日から、おおむね5日以内とすることが法律で定められています。

いずれにしても、賞味期限や消費期限で重要なことは、指定された方法で食品が保存されていることです。また、賞味期限や消費期限はあくまでも目安です。少しぐらい過ぎたからといって食品を捨ててしまうのはもったいないことです。自分の五官をしっかりと使って、食べられるかどうか判断できるようにしたいものですね。

MEMO　賞味期限が、消費期限に変わる？　肉は生ものですが、工場で熟成され、出荷された直後は、1ヵ月ぐらいの賞味期限がつけられます。スーパーや小売店に入荷されると冷凍庫に保存されますが、パッケージに詰めて店頭に並べる時点で消費期限がつけられるのです。

お酒に賞味期限はないの？

ウイスキーやワインには10年物や30年物などがありますが、お酒には賞味期限はないのでしょうか。実は、法律では、お酒には賞味期限の表示が義務づけられていないのですが、どうやら種類によっては賞味期限が表示されているものもあるようです。

ビールは製造後9ヵ月が賞味期限とされていますが、これはビールの表示に関する公正競争規約に従ったものです。実際、ビールは褐色のビンが示すように光に弱く、熱にも強くありません。そのため、冷暗所に保存しておく必要があります。賞味期限は比較的長めですが、新鮮なものほどおいしいので、なるべく早めに飲んだほうがよいでしょう。

日本酒は、製造方法などでいろいろな種類がありますので一概には賞味期限を語ることはできないのですが、生酒や生貯蔵酒以外のものは、製造過程で2回加熱殺菌されていますから、開栓しなければかなり長持ちしますし、賞味期限の記載はないようです。

生酒や生貯蔵酒には、製法品質表示基準に従い保存方法や飲用上の注意事項が記載されているものや、業界の自主的な基準により賞味期限が記載されているものもあります。これらのお酒は火入れをしていないので、酵母や酵素のはたらきで、時間の経過や温度の影響により味が変わってきます。すぐに冷蔵庫に入れて、できるだけ早めに味わうようにしましょう。

ワインは、種類によって、飲みごろが早くくるもの、ゆっくりと寝かせたほうがおいしくなるものがありますが、基本的には賞味期限はありません。多くのワインには酸化を防止し、有害微生物の繁殖を抑制するために酸化防止剤が加えられています。

ウイスキーは30年物の高級品があるように、保存の方法さえ守ればかなり長く持ちます。注意する点は強い光にさらさないこと、温度変化に気をつけることです。ウイスキーはアルコールの度数が高いので、開封後も保存さえしっかりしておけば、ずいぶん長持ちします。

お酒がまずくなるのは、酸化と微生物の繁殖が原因です。直射日光が当たるところ、温度が高いところ、空気に触れやすい状態で保存すると早く変質するので、冷暗所に保管するのがよいでしょう。

MEMO **ビールの表示に関する公正競争規約**　公正取引委員会の認定を受けて、公正な市場競争を確保し、一般消費者の利益を保護するために、業界において設定しているルール。

缶詰にも食べごろがある？

数ある保存食品の中でも一番保存性が高い缶詰。なんと130年前の缶詰を試食して、十分食べられたという報告もあるとか。こんなにすぐれた保存性があるのですから、どう保存して、いつどのように食べても変わりはなさそうですが、実は保存の仕方、食べごろ、開封後の扱い方など、缶詰と上手につき合うにはコツがあります。

●缶詰の種類によって違う食べごろ

缶詰製品は、加熱処理のため半永久的な保存性がありますが、食品としての品質を考えると食べごろがあります。製造日が近ければよいというものでもありません。というのは、固形物と液汁（シロップ）のバランスがとれるようになるまで、時間がかかるものもあるからです。

果物などでは1年以上経過したもののほうがよく、魚の味つけ缶詰や油漬け製品などは半年後から1年くらいの範囲が、魚の水煮は3〜6ヵ月程度。ジュースは、なるべく早いほうがよいとされています。

●保存は25℃以下の風通しのよい場所に

常温で保存できるからとついつい無造作にどこにでも置いてしまいますが、温度などの影響で中身の色や風味はおちていきます。また逆に「温度が低いほうがいいのなら」と冷凍するのは厳禁。中身が変質するだけでなく、缶が破損することもあるので注意しましょう。

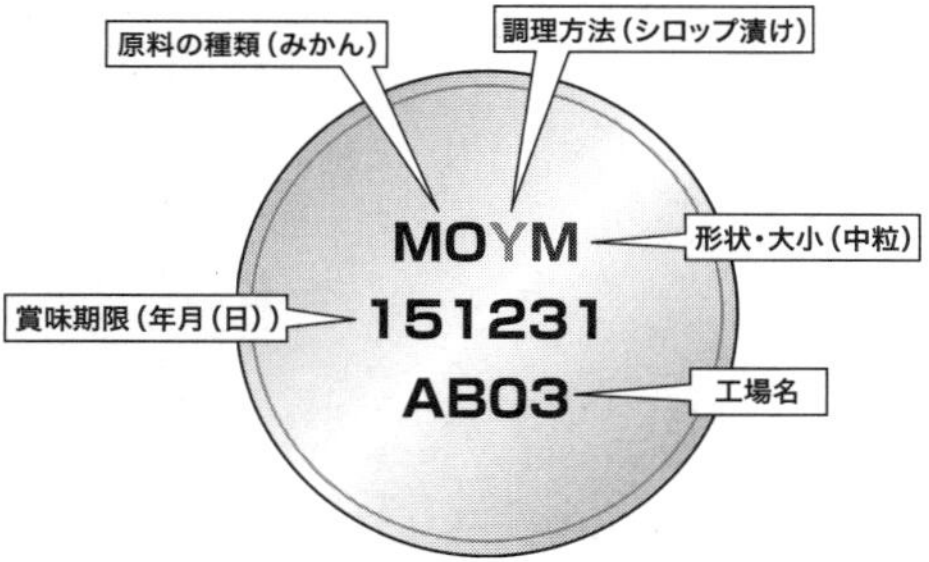
原料の種類（みかん）
調理方法（シロップ漬け）
MOYM
形状・大小（中粒）
賞味期限（年月（日））
151231
AB03
工場名

缶詰の缶マークは缶のふたに品名、賞味期限年月（日）および工場名をそれぞれ表す記号を３段に組み合わせて示してあります。ただ最近では、品名と工場名は別に表示しているために缶ぶたへの記載を行わず、賞味期限年月（日）のみを表示した製品が多くなっています。

参考：社団法人日本缶詰協会ホームページ
http://www.jca-can.or.jp/

開缶後は生ものと同じ

缶詰の保存性が高いのは、外の空気や細菌からの遮断性が高いから。いったん開けてしまえば、生ものと同じと考えましょう。また、果物など内面がブリキむきだしの缶詰は、空気に触れると表面のスズが液汁に溶け出しやすくなりますので、開缶したら別の容器に移しましょう。またブリキ缶で保存期間の長いものは、鉄分のにおいが移って缶臭がする場合があります。そんなときは、軽く温めると臭みがとれます。

MEMO 缶詰のほうが生のものより栄養価が高い？ 缶詰というと高温で調理されていて、栄養分はこわれていると思いがちですが、真空状態で加熱殺菌されるので、ビタミンなどの栄養分は、家庭で調理したものより多く含まれています。また缶詰は、旬のときに原料産地で加工されるものが多いので、穫れてからスーパーなどに運ばれるものより新鮮で栄養価の高い材料が使われているのです。

スモークベーコンが台所で簡単に！

薫製《くんせい》とは、木材の煙に含まれる強い芳香を持った物質が肉や魚の表面をコーティングすることで、油の酸化や腐敗を防止して長期保存を可能にしたものです。保存性がよいのは、食品が乾燥して水分が少なくなり、微生物の発育が抑えられていることも影響しています。同時に食材にも独特の風味が加わり、おいしくなるのです。

薫製を作るには、まず食材を塩漬けにします。そして香草を擦りこみ、最後に煙で燻《いぶ》して、できあがりです。

●薫製にチャレンジ！

ここで、古いフライパンと餅焼き網を使って、簡単スモークベーコン作りにチャレンジしてみましょう。煙が焼き魚程度しか出ないので台所で作ることができます。

材料は、市販のベーコンを厚さ2cm程度に切って使います。古いフライパンにアルミホイルを敷き、香味野菜（ローリエ2枚、ローズマリー1枝、しょうが30g）とザラメ（大さじ1）、緑茶（大さじ2）、桜のチップ（適量）をのせます。その上に、肉の液がたれてもいいように、アルミホイルを中央に丸く置きます。その上に焼き網を置き、中火で加熱

スモークベーコンの作り方

❶ 下の図のようにセットする

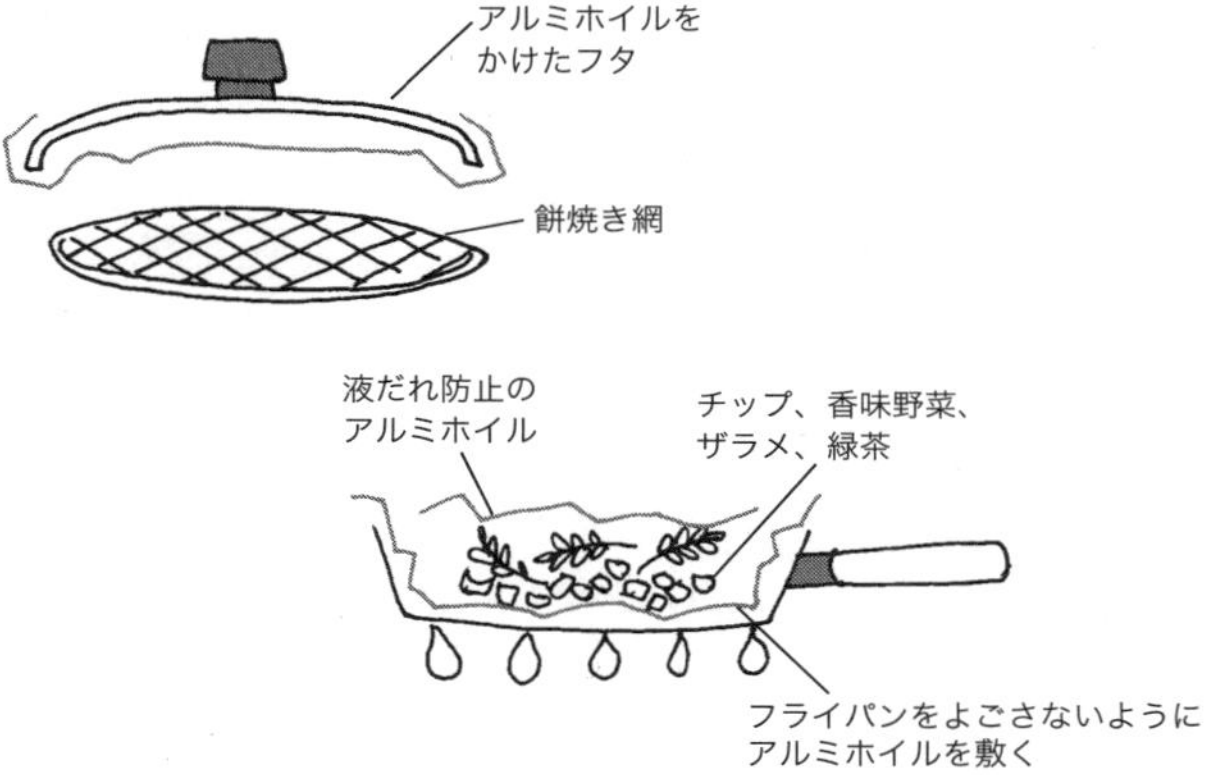
アルミホイルを
かけたフタ
餅焼き網
液だれ防止の
アルミホイル
チップ、香味野菜、
ザラメ、緑茶
フライパンをよごさないように
アルミホイルを敷く

❷ 煙が出てきたらベーコンをのせる

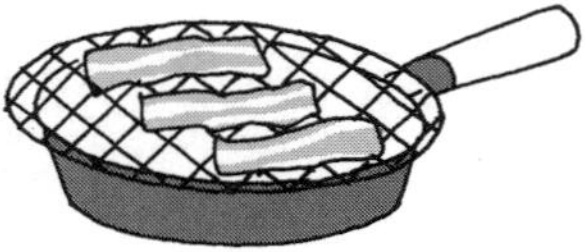

❸ 温度を上げすぎないように加熱する

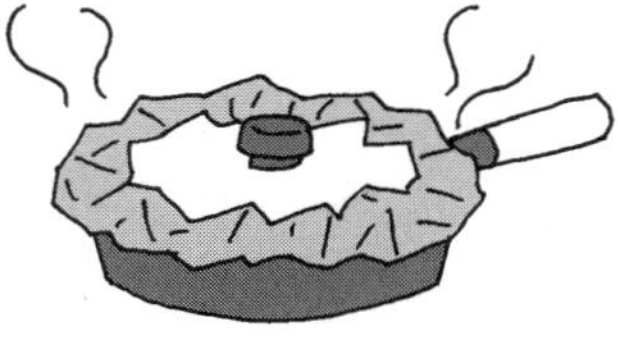

します。煙が出てきたら、ベーコンを焼き網にのせます。そして、フライパンをアルミホイルをかけたフタでおおいます。温度を上げすぎないように注意しながら約30分燻して、こんがりとあめ色になったらできあがりです。

●かつお節はこうして作る

かつお節は、乾燥度を高めることで保存性を高めています。

かつお節を作るには、まずかつおをゆでて、かつお節の形に切ります。そのあと、燻す→冷ます→燻す→冷ます、という作業を固くなるまで何回もくり返します。できたかつお節を「荒節《あらぶし》」といい、これを削ったものが「かつお削り節」です。花がつおの名前で知られ、西日本で使われています。

荒節に、カビをつけて熟成させたものが「本枯《ほんか》れ節」です。これを削ると、東日本で使われる「かつお節削り節」になります。値段が張りますが、少量でもおいしいだしがとれるので人気があります。

MEMO **薫製の香りの正体は?** 木材の煙に含まれる強い芳香の正体は、アルデヒド類、フェノール類などです。炭素、水素、酸素といったごく身近な元素でできている化合物なのですが、それぞれの特異な構造のために、抗菌作用があります。

冷蔵庫に入れないほうがいい野菜や果物もあるの？

野菜や果物は、種類によって最適な保存温度がまちまちです。なんでも冷蔵庫に入れればよいというものではありません。

保存する際の適温が3℃前後のにんじんや大根などは、安心して冷蔵庫に入れられますが、一方で、冷蔵庫に入れなくてもいいものや、逆に冷やしすぎるとダメになるものもあるので、注意が必要です。

冷蔵庫に入れなくてよいものには、にんにくやごぼう、たまねぎ、じゃがいもなどがあります。適温が5℃を超えるこれらの野菜は、風通しがよく日の当たらないところで保存します。軒下につるしておくのもいいでしょう。

さつまいもは、保存の適温が13～15℃と高いので、冷蔵庫に入れると黒く変色します。また、しょうがの適温は14℃で、これも冷蔵庫では黒ずんでしまいます。こうした野菜は、新聞紙に包んで台所の隅に置くなど、涼しい場所で保存します。

●冷蔵庫で保存してはいけない野菜は

冷やしすぎると野菜や果物が変質を起こすこうした現象を、低温障害といいます。低温障害を起こしはじめる温度は、野菜や果物によっても差があります。低温障害を起こしや

10℃以上が適温の野菜たち

さつまいも
しょうが（13～15℃）

かぼちゃ
きゅうり（10～13℃）

ピーマン　なす
オクラ（10℃）

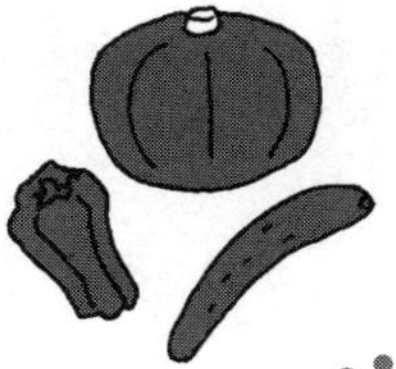

5～9℃が適温の野菜たち

じゃがいも（5℃）

トマト　さといも（7～8℃）

さやいんげん（8℃）

ふき（7℃）

0～4℃が適温の野菜たち

すいか（2～4℃）

にんじん　大根　アスパラガス
白菜　セロリ　レタス　キャベツ
ほうれんそう　いちご　ブロッコリー
カリフラワー　にら　パセリ
さやえんどう　スイートコーン
やまいも（0℃）

すい野菜は、トマト、なす、さやいんげん、さといもなど、また果物では、グレープフルーツ、マンゴー、アボカド、パイナップルがあります。これら熱帯などの暑い地域で採れたもので熟していないものは常温保存が適していますが、食べる前に数時間冷やす程度なら何も問題ありません。

ただし低温障害を起こしやすいといっても、常温保存さえすればいいと一概にはいえません。真夏に室内に置くのと野菜室に入れるのとでは、当然後者のほうが長持ちしますので、注意してください。

きゅうりやなすの保存は難しい

保存が難しいのは、適温が10℃くらいのきゅうりやなすです。ポリエチレン製の袋に詰めて冷蔵庫に入れておいた場合、2~5日程度は肉質がシャキッとしておいしいのですが、それを過ぎると低温障害がはじまり、きゅうりは表皮の細胞がこわれ、洗うとぬるぬるするようになり、なすは果肉には黒い点が、表面には褐色の小さい陥没が現れます。

早めに食べきるなら冷蔵庫に入れたほうが鮮度を保てますし、それ以上おくなら10℃くらいで保存するのがいいでしょう。

MEMO **低温障害** 生鮮食品がある温度になると腐敗や陥没、軟化、変色などを起こし、低温にすることで、かえって品質低下を招くことをさします。

野菜・果物、長持ちさせる保存のコツ

買ったばかりの野菜や果物が冷蔵庫の中でしなびていたりすると、「あのスーパー、古いもの売ったたな」なんて、文句のひとつもつけたくなります。でもちょっと待って！　買ってきた野菜や果物をそのまま、無造作に冷蔵庫にほうりこんではいませんか？　野菜や果物をおいしく長く保存するには、ちょっとしたコツがあるのです。

●収穫後も野菜や果物は生きている！

野菜や果物は、収穫後もちゃんと「生きて」います。ですから家で保存する場合も、その点に気を配る必要があります。

ポイントは、野菜や果物をできるだけ野にあったときの状態で保存することです。たとえばバナナは房の根元の部分を固い針金などでしばり、つるすようにして保存すると長持ちします。

また水分管理も重要です。水分をたっぷりと吸って育つ、ほうれんそうなどの葉菜・花菜類の野菜は、保存する場合にも水分が蒸発しないように濡れた新聞紙にくるんだり食材保存パックなどに入れたりして、さらに畑にあったときの姿そのままに立てておきます。

きのこ類などは、プラスチックの容器などにカサの裏側を上にして置き、その上にキッ

野菜や果物を保存するワザ！

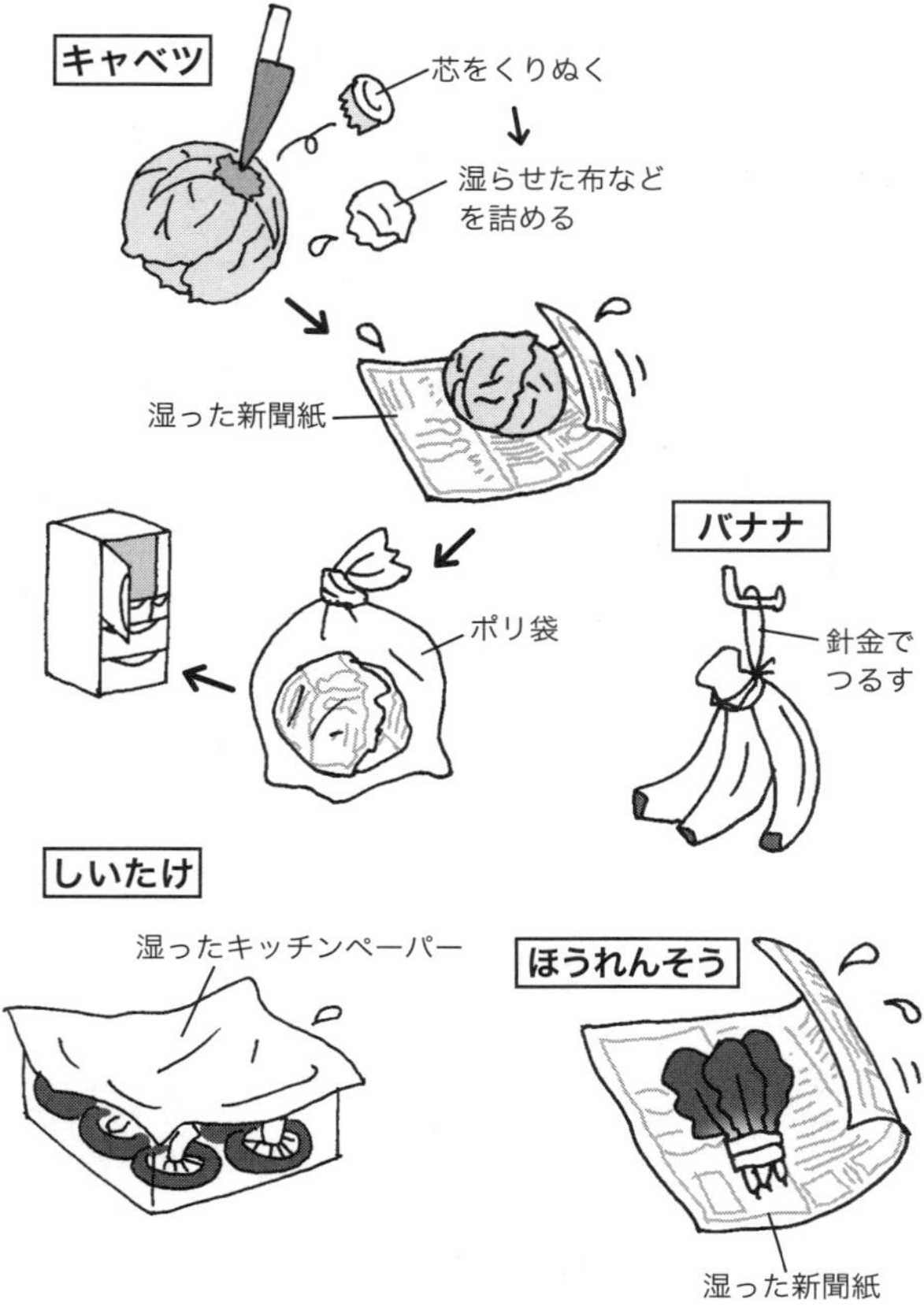
キャベツ
芯をくりぬく
湿らせた布などを詰める
湿った新聞紙
ポリ袋
バナナ
針金でつるす
しいたけ
湿ったキッチンペーパー
ほうれんそう
湿った新聞紙

チンペーパーなどを湿らせてのせておくと長持ちしますし、かぼちゃやキャベツなどは、芯の部分をくりぬいて湿らせた布巾などを詰め、新聞紙に包んだものをポリ袋に入れ、切り口を下にして冷蔵庫へ入れます。

土の中に静かに眠っていた根菜類などは、葉ものとは逆に水気にあたるとそこから腐っていくので、流し台の下など涼しい場所で、新聞紙などにくるみ、乾燥させて保存します。

冷凍はひと手間かけて

また野菜や果物の場合、ひと手間かけて冷凍することで、おいしく保存できるものもあります。ぶどう類は房からちぎる、グレープフルーツなどは皮をむいて実だけを冷凍する、ほうれんそうや枝豆は、ひとゆでしてから冷凍すれば上手に保存できます。

暑がりも、寒がりも、乾燥肌もいる野菜や果物。いつまでもフレッシュでいさせるための苦労は人間と変わらないようです。

冷凍に向かない食品、向いている食品

食品を冷凍するコツは、「素早く凍らせること」です。熱を伝えやすいアルミトレイに置く、冷凍中はドアを開けないなどの工夫をして一気に凍らせます。

しかしこのようにしても、うまく冷凍できる食品とできない食品とがあります。食品の特性を知って、上手に冷凍してみましょう。

●素早く凍らせるためのひと工夫

食品は細胞でできています。その中の水分が素早く凍ればおいしい冷凍食品ができます。ゆっくり凍ると、細胞の中の水分が大きな氷になり、細胞を破壊します。こうなると、解凍したとき食品の栄養やうまみが流れ出てしまいます。

これを防ぐために、−1〜−5℃の温度（最大氷結晶生成帯といいます）を30分以内で素早く通過させるとよいといわれています。このためには、調理した食品では室温まで冷ましてから冷凍庫に入れる、小さく切ったり小分けしたりするなどの工夫が有効です。

冷凍庫の中の氷がだんだん小さくなるのを見たことがあると思います。これは、水が気体になって出ていってしまうためです。冷凍した食品からも、同じように水分が逃げてしまいます。ですから、もとどおり解凍するた

冷凍に向かない食品にはどんなものがある？

冷凍に向かない食品

	牛乳・マヨネーズ	分離してしまう。 脂肪分と水分でできており、これらは固まる温度が違うため。
	生野菜（葉もの）	しもやけを起こす。 また、とけるとべとべとになってしまう。
	生卵	膨張して割れてしまう（水は凍ると体積が増えるため）。
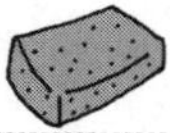	豆腐・こんにゃく	変質してしまう。
	ごぼうなど 繊維の多い野菜	解凍したとき水分が抜け、スポンジのようになってしまう。
	寒天を使ったもの	水分が抜けて、もとの寒天のようになってしまう（冷凍することは、寒天を作ることになってしまう）。

冷凍に向いている食品

上記の食品以外は、
ほとんど冷凍できます。

めには、水分が逃げないようにラップに包んだり、密閉容器に入れるなどして冷凍します。

さらに忘れがちなのが、日付と品名の記入です。記入しておかないと、冷凍庫に何でもほうりこむうちに、いつ何を冷凍したのかわからなくなってしまいます。

また、一度解凍したら使い切るようにします。解凍後もう一度冷凍すること（再凍結）は味や栄養を損なうばかりでなく、衛生的にもよくないのでさけましょう。

ご飯は保温と冷凍、どっちがおいしい？

ご飯をおいしく保温するのも炊飯器の重要な機能。黄ばみ・パサつきを抑えて長時間保温できるよう炊飯器の改良が重ねられていますが、実際にはやはり、長時間保温すると味は大きく変わります。味の面ではおいしいうちに冷凍し、レンジで温めなおすほうに今のところ軍配があがりそう。ここでは上手に保存し、おいしく食べるコツを紹介します。

●黄ばんで味が変わるのはなぜ？

ご飯の甘み成分である糖分とタンパク質に含まれているアミノ酸が反応して変質し、色が黄色くなります。色が変わるだけでなく、甘み、うまみの成分が変質するので、味もおちてしまいます。炊飯器の保温温度である70℃くらいで起こりやすい現象です。

長時間保温すると味が落ちるだけでなく電気代もかかります。炊飯器の機種により差はありますが、6時間の保温で炊飯するのと同じぐらいの電気を使うといわれます
くさーー!!

冷蔵庫ではダメなの？

ご飯を冷蔵庫に入れておくとパサパサになります。ご飯を炊くことによってα《アルファ》化したβ《ベータ》デンプンが再びβ化してもとに戻り（老化）、水分も蒸発するからです。冷蔵室の温度帯は3〜5℃であり、ご飯のデンプンが最も老化しやすい0℃に近いため、老化が進みやすいのです。

それでも乾燥しないようにフタつきのお碗などに入れて保存し、レンジで温めなおせば1〜2日はおいしく食べられます。

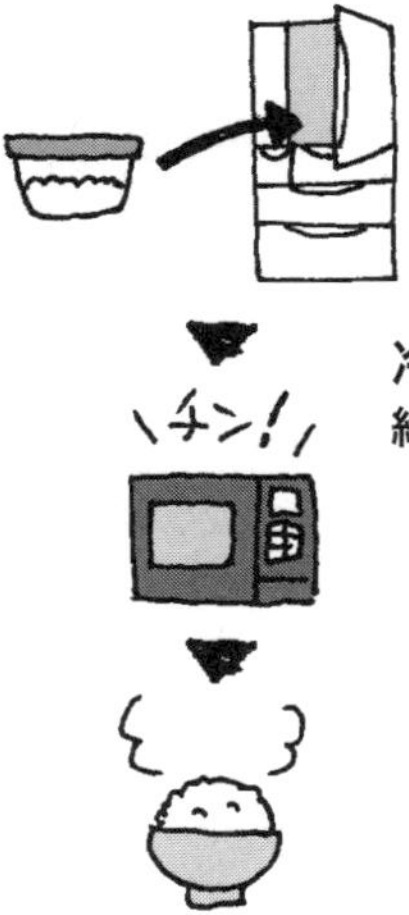

上手な冷凍と解凍の工夫

−18℃の冷凍室だと、αデンプンに近い状態で保存できます。炊きたてのうちに冷凍保存用の袋などを利用し、なるべく平たくして冷凍庫へ。平たくすると早く中まで凍りますし、解凍するときも熱がムラなく早くまわるので、おいしく仕上がります。

さらにアルミトレイにのせて冷凍させると、デンプンの老化温度帯を素早く通過できます。冷やご飯を冷凍した場合は、お酒を少量ふりかけてから加熱するとおいしく仕上がります。

それでも保存期間は1ヵ月程度に。家庭の冷凍庫は霜取り機能のために温度変化が起こりやすく、長期になるとやはり劣化してしまいます。

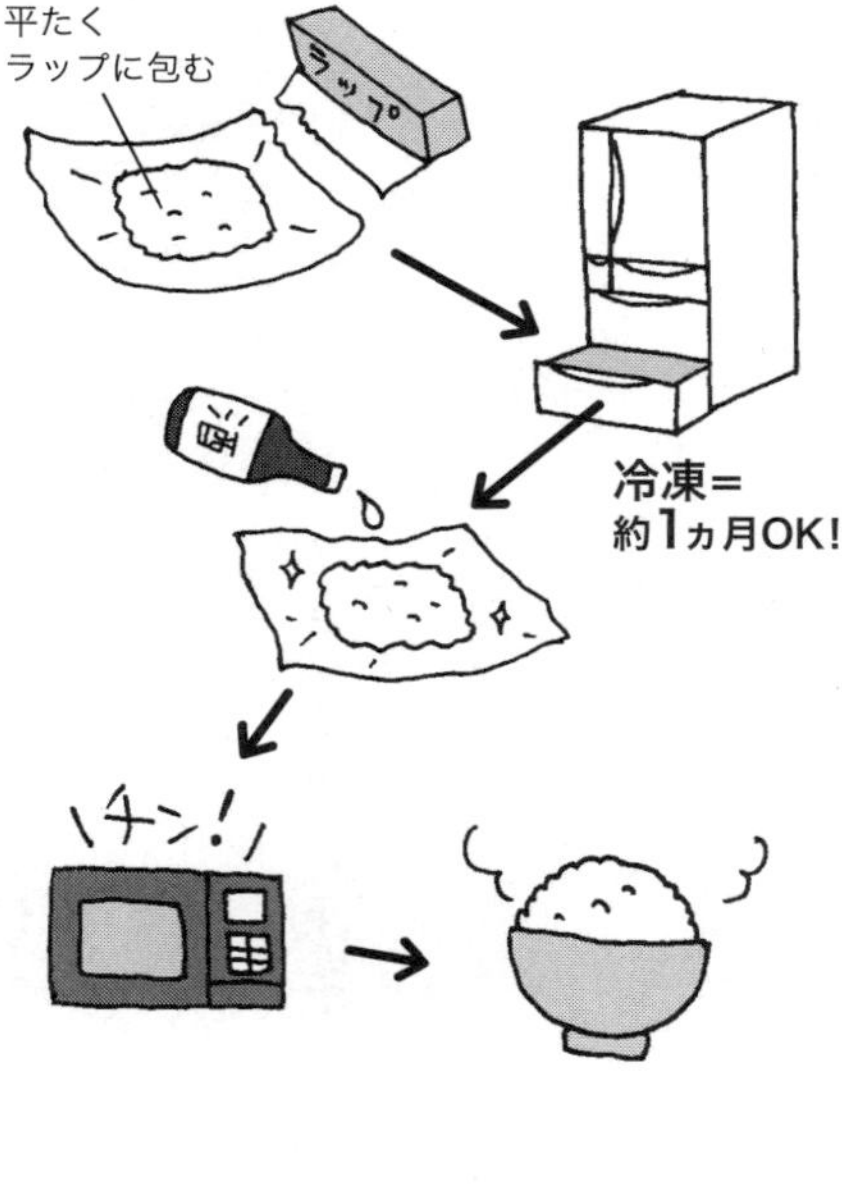

MEMO **α化・β化** デンプンに水を加えて熱すると糊状になることを糊化（こか）といいます。糊化する前のデンプンをβデンプン、糊化したあとのデンプンをαデンプンということから、糊化をα化、その逆（老化）をβ化といいます。

肉や魚の冷凍焼けはなぜ起きる？　どう防ぐ？

「大特価！」の文字につられて肉や魚を買ってきたのはいいけれど、使いきれずに残すこと、ありますよね。そんなときには、やはり冷凍保存が一般的です。

でも、いざ使おうと冷凍庫から出してくると、表面がパサパサ、スカスカ。なんだか色も悪いし、結局そのままゴミ箱へ直行！　そんな経験、誰でも一度はあることでしょう。

このように冷凍した食品の表面がパサパサ、スカスカ状態になってしまった状態を、一般的に「冷凍焼け」と呼んでいます。

●冷凍焼けが起こるワケ

肉や野菜などの生鮮食品は、いってみれば細胞の集まりです。冷凍される過程で、この細胞の中の水が小さな氷の結晶に育っていきます。ところが扉の開け閉めなどで庫内の温度が上がったときなどに、表面付近の氷の粒が水蒸気となって気化してしまうのです。すると氷の粒があったところに穴があき、「スカスカ」とした状態になります。

さらに、表面付近の氷が気化すると、表面は乾いてしまいます。乾燥した状態で食品が空気（酸素）に触れると、酸化を起こして変質が起こりやすくなります。こうして食べたときの「パサパサ」感や色あせが生じるのです。

●冷凍焼けを防ぐには

では冷凍焼けは、どうやって防いだらいいのでしょうか？　冷凍する以上、細胞内の水分が氷の結晶化することはさけられませんから、氷の粒の気化を防ぐしか方法はありません。

まず冷凍する前に、魚であれば内臓などを除き、きれいに水洗いしてよくふきます。肉ならば使う量にあらかじめ分け、またひき肉など傷みやすいものは軽く下味をつけたりゆでたりしておきます。そして、ラップや脱水

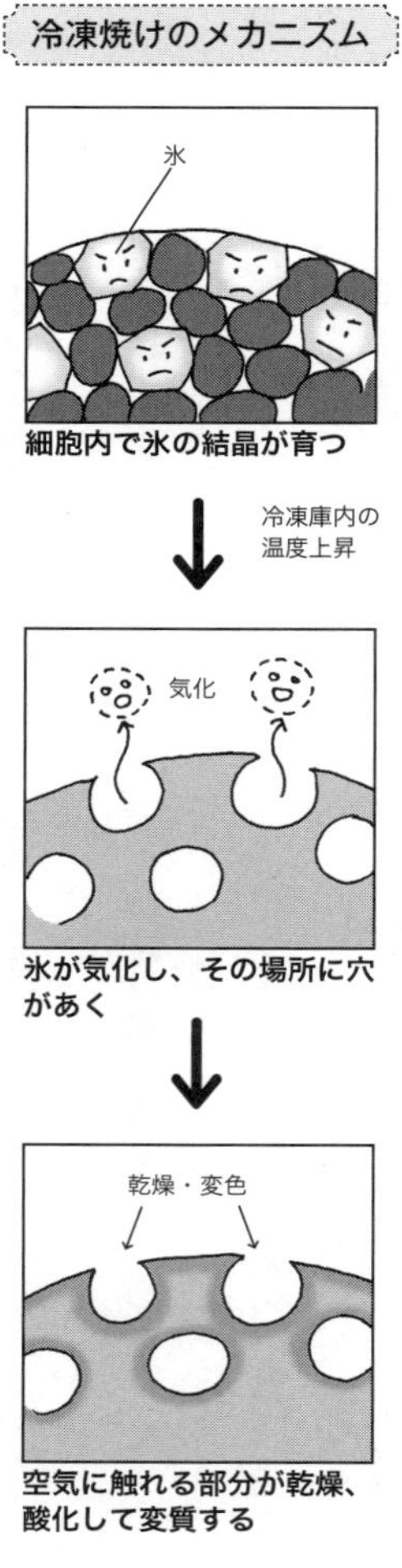
冷凍焼けのメカニズム
氷
細胞内で氷の結晶が育つ
冷凍庫内の
温度上昇
気化
氷が気化し、その場所に穴があく
乾燥・変色
空気に触れる部分が乾燥、酸化して変質する

第5章

味

知って納得、おいしさの秘密

うまみの正体は何？

うまみとは、甘さ、塩味、苦み、酸味につづく第五の味覚といわれています。このうまみは和食の料理に広く含まれ、昆布や、かつお節、干ししいたけなどのだしの味として知られています。

この味覚の成分が発見されたのは、20世紀になってからです。1908年、旧東京帝国大学教授の池田《いけだ》菊苗《きくなえ》博士によって昆布のおいしさのもとがグルタミン酸（アミノ酸系）であることが突き止められ、その後、かつお節のうまみはイノシン酸（核酸系）、干ししいたけのうまみはグアニル酸であることが明らかにされました。

●合わせだしがおいしいワケ

うまみには相乗効果があり、グルタミン酸とイノシン酸を一緒にすると、うまみが数倍強くなります。昆布とかつお節を合わせるとおいしいだしがとれるのはそのためです。この他にも、たまねぎと仔牛のすね肉、白菜や長ねぎと鶏ガラの組み合わせも同じ効果があります。私たちは生活の知恵として、昔からこの効果を利用してきました。

うま味調味料は、これらグルタミン酸、イノシン酸、グアニル酸などのうまみ成分を工業的に生産したものです。うま味調味料は料理のうまみを補うだけでなく、素材に含まれ

天然食品中のグルタミン酸含有量

食品名	グルタミン酸	食品名	グルタミン酸
利尻昆布	1985	しいたけ	71
パルメザンチーズ	1200	大豆	66
緑茶	668	さつまいも	60
のり	1378	煮干し	50
イワシ	280	エビ	43
マッシュルーム	9	ハマグリ	208
イカ	146	鶏ガラ	40
トマト	246	にんじん	33
カキ	137	かつお節	36
じゃがいも	102	豚ヒレ肉	40
白菜	100	牛肉	107

mg /100g
出典：NPO 法人うま味インフォメーションセンター ホームページ
(www.umamiinfo.jp/)

ているうまみ成分との相乗効果によって、料理をおいしくする役目もします。ちなみに今日、うまみは〝UMAMI〟として国際的にも認知された用語になっています。

Column

うまみの相乗効果

グルタミン酸ナトリウムとイノシン酸ナトリウムの配合とうまみの強さには関係があります。イノシン酸ナトリウムの配合割合が15%までは「うまみ」の強さは急上昇しますが、それ以上になると増加はだんだんゆるやかになり、30%を超えると変化しなくなります。このようにアミノ酸系うまみ物質と核酸系うまみ物質を同時に使うことで、うまみを増強する効果をうまみの相乗効果といいます。

なぜ甘みは好まれ、苦みは嫌われるの？

メロンやすいかなどの甘いものは大好き。でも、ピーマンは苦いから嫌いという子どもがたくさんいます。大人でもピーマンが食べられないという人はたくさんいますね。

人間には、甘み・塩味・酸味・苦み・うまみの五つの味覚があることはこれまでに説明しましたが、甘み・塩味・うまみが好きという人はたくさんいるのに、酸味・苦みが積極的に好きだという人はあまりいません。どうして、苦みや酸味は嫌われる傾向にあるのでしょうか。

ペットを飼っている人はわかると思いますが、動物は本能的に酸味や苦みを嫌います。実は、私たち人間が酸味や苦みを嫌う傾向にあるのも、本能によるものなのです。

私たちは、エネルギー源となる糖分には甘み、体の機能の維持や調整に必要なミネラル分には塩味、タンパク質やアミノ酸などの栄養素にはうまみ、腐った食べ物や熟していない果物には酸味、毒には苦みがあることを本能的に知っているのです。私たちは味覚によって、本能的に、食べてよいものといけないものを選別しているのです。これが酸味や苦みが嫌われる本質的な理由です。

●子どもにピーマンを食べさせるには

味覚に対する経験の少ない子どもにとっては、味覚の本能は重要です。たとえば、ピーマンを食べたとたんに口から吐き出す子どもが多いのは、子どもがピーマンの苦みを本能的に毒だと認識しているからです。

これを頭ごなしに怒ってはいけません。ピーマンを細かく刻んで食べやすくするなどの工夫をするのと同時に、ピーマンは食べても大丈夫であることを教えてあげることが重要です。そのためには、親が子どもの前で、ピーマンをおいしそうに食べることです。子どもはそれを見てピーマンは苦くても食べても大丈夫と思うようになります。

子どもが、いろいろなものを食べられるようにするためには、まず親が子どもの前で、いろいろな食べ物をおいしそうに食べて、子どもを安心させることが重要なのです。

人の味覚に対する好き嫌いは、育ちや食べ物の体験によって変わります。子どもには、酸味や苦みが必ずしも体に悪いものではないことを教えてあげましょう。これが繰り返されて、人間はさまざまな味に挑戦し、酸味や苦みまでをも楽しむ食文化を築いてきたのです。

MEMO　ミネラル　必須ミネラルは、ナトリウム・マグネシウム・リン・硫黄・塩素・カリウム・カルシウム・クロム・マンガン・鉄・コバルト・銅・亜鉛・セレン・モリブデン・ヨウ素の16種類。食品中には無機化合物の形で存在します。効率よくミネラルをとることができる食べ物は、昆布、ワカメ、もずくなどの海藻類です。

人の味覚は脳で形成される

気分が悪くなったことがある
見た目がきれい
おいしい、健康によいなどの評判がある
食べたらお腹をこわした
食べなれた味がする
脳
見た目が気持ち悪い
においが嫌い
とても楽しい思い出がある

子どもと大人で味覚が変わるのはなぜ？

子どもはたいてい甘いものが好き。でも大人になったら、甘いケーキや和菓子は苦手で苦いコーヒーが好きという人も。またお年寄りは、若い人より塩辛いものが好きという傾向もあるようです。

●お年寄り向けに味つけを工夫する

お年寄りが濃い味つけを好むのは、年とともに、味を感じる感覚器官が衰えるためです。味覚を感じる味蕾《みらい》という器官は年齢とともに数が減ってしまい、0歳～20代で約6000個存在した味蕾が、60代では約2000個にまで減少するといわれています。味覚のなかでも甘み、苦み、塩味を感じにくくなり、特に塩味に関しては極端に感受性が鈍ってきます。老人がしょっぱい物を好むのはこのためです。

糖分や塩分のとりすぎは生活習慣病にもつながりますから、甘みは低カロリーの甘味料を利用したり、塩味は、だしをきかせたりするなど調理の工夫も必要です。酸味に対する感受性はあまり鈍くなりませんので、酢を上手に組み合わせるのもよいでしょう。

●大人になると味覚が変わる？

子どもが甘いものを好きなのは、本能的に甘い味は安全で栄養のあるものと知っているからとか、新陳代謝が活発なためにエネルギーとして使える糖分を必要としているから、などといわれています。それでも成長するにつれ、いろんな味を体験し、好みにも個性が出てきます。また、味覚というのは複雑なもので、食べ物の持っているイメージが影響する場合もあります。たとえばいつまでも子どもに見られたくないと思う少年が「甘いケーキは子どもっぽい、苦いコーヒーは大人っぽい」というイメージを持っていれば、苦いコーヒーをすすんで飲むようになり、その味に慣れると、慣れた味をおいしく感じ、食べつけなくなった甘みはきつく感じるというような場合もあるでしょう。特に年齢が進むにつれ、本来の味覚を感じる器官は鈍くなっていくのですから、なおさら心理的な要因に左右されやすくなるかもしれません。

味覚がなくなってしまうことがある?

食べ物の味がわからない、何を食べても苦い、となると大変ショックです。最近この味覚障害が大変問題になっています。

味覚障害には、加齢により徐々に起こるものと、亜鉛の欠乏によるものとがあります。今問題になっているのは後者で、全体の過半数を占め、年代では特に若者に多くなっています。食生活の偏りで亜鉛をうまく摂取できなかったり、加工食品の添加物（リン酸塩）などが亜鉛を体外に排泄したりするせいなのです。

食生活の偏りとは、具体的には過度のダイエット、ファーストフードやコンビニの弁当類ばかり食べることなどがあてはまります。なにか思い当たることはありませんか?

また、コンビニなどで弁当類の腐敗を防ぎ、味をよくするために使われている添加物は、亜鉛と結合して化合物を作り、排泄してしまう場合があります（病気の治療薬にも亜鉛と結合するものがあります）。

●亜鉛の摂取と早期治療が大事

亜鉛というと馴染みのない物質ですが、人体でどんな役割をしているのでしょう。

亜鉛（Zn）は酵素にとって重要な成分で、全身に分布し、体中の細胞の新陳代謝に大切な役割を果たしています。なかでも味を感じる味蕾という器官は3日ほどで新しく作り替えられますが、亜鉛が欠乏するとそれがうまくできなくなり、味を感じにくくなります。そして味覚障害になり、おいしくないので食欲不振、成長障害、脱毛などにも発展します。

軽い味覚障害を治したり予防したりするには、食べ物から亜鉛を摂取するのが大事です。亜鉛を多く含む食品は別表のとおりです。また、舌の先で直接塩や砂糖をなめても、その味を感じないほどであれば、すぐ耳鼻科で診察を受けましょう。

亜鉛を含む薬を飲むと、味覚障害になって1ヵ月くらいの人であれば8割は治ります。しかし半年も経つ人の場合、治る率は6割に下がります。早めの治療が効果的です。

MEMO　味覚障害が招く症状　味覚障害にはほかにも、味覚の減衰、消失、特定の味が分からない、何も食べていないのに口の中に不快な味を感じるなどの症状もあります。それぞれ、異味症、味覚減退、味覚消失、解離性味覚障害、自発性異常味覚といいます。

食品に含まれる亜鉛の量

食品名	亜鉛量	食品名	亜鉛量
抹茶	6.3	粉チーズ	7.3
カキ（貝）	13.2	大豆	4.5
ハマグリ	1.7	ごま	5.9
牛肉	5.7	玄米	1.8
レバー（牛）	3.8	白米	1.4
豚赤身	3.1	鶏卵	1.3
鶏ササミ	2.4	ココア	7.0

mg /100g　出典：食品成分表 2010

味見がうまくなるコツってあるの?

テレビなどで、ソムリエがワインの年代をズバリ当てるのを見ると驚きます。しかしその一方で、「味見が苦手」とか「作るたびに味が違うのよ」とおっしゃる方も、世の中にはたくさんいます。こうした違いは、どこから生まれるのでしょうか?

●テイスト・コントラストとは

実は、味覚には法則があります。まんじゅうの後でみかんを食べると酸っぱい。ぬるくなったコーラは甘ったるい。初めおいしかった澄まし汁が、飲んでいるうちに塩辛くなってきた。こんな経験はありませんか? このように味覚には温度が深く関係し、また先に食べたものによっても影響を受けます。これはテイスト・コントラストといい、誰にでもある現象なのです。

これを整理して説明しましょう。甘みの後の酸味は強く感じ、酸味の後は真水でも甘く感じる。少量の塩は酸味を弱め甘みを強める。酸味に甘みを加えると同じpHでも酸味を弱く感じる。何度も味わっているうちに鈍感になってくる、などです。

ではこれを味見に応用します。煮物の場合は、小皿などで適温にしてから、味見。汁物は、一口目でちょうどおいしければ、全部飲

テイスト・コントラストって何？

ケーキの後に
オレンジ
すっぱい!
レモンの後に水
甘い!!
何回も
味見して味が
わからなくなったら、
水で口をすすぐ
ん??
水
のんで!

むと辛すぎるので、やや薄めにします。熱いコーヒーに砂糖を溶かし、冷やしてアイスコーヒーにする場合、甘みは冷やすと感じにくいので、かなり甘くして、氷を入れて味見しましょう。ぜんざいの甘みは砂糖をたくさん入れるより、塩ひとつまみで甘くなります。味は舌全体で感じると判断しやすいです。ちょっと舌先でなめるのではなく、口に含んで味わいましょう。何度も味見して味覚が鈍ったときは、一度、真水で口をすすぎます。

　味見は少しのコツと訓練で上達し、コンスタントにおいしく作れるようになります。初心者はレシピ通りに調味料を計量して作り、その味を覚えるという手も有効です。味見の勉強と称しておいしい店を食べ歩くのもよいですね。

隠し味にインスタントコーヒーがいいってホント?

煮物やスープにこっそり少量加えるだけで、料理全体のおいしさがぐっと引き立ち、味に深みが増す。そんな調理のひと工夫が、隠し味です。隠し味といっても、料理や食材に応じてピンからキリまでありますが、ここでは主だったものをいくつか見ていきましょう。

●さまざまな隠し味

まず代表的なものがしょうゆです。チャーハンやコンソメスープ、鶏ガラスープなどに入れたり、バター炒めに少量たらすと、ぐっと味が引き立ちます。

最近話題となっているのがしいたけ茶。これを炊き込みご飯やチャーハン、ラーメンに加えてみてください。うまみが増すことでしょう。また昆布茶も、煮物やパスタなど、和洋問わずさまざまな料理の隠し味になります。

インスタントコーヒーも隠し味になります。トマトペーストに砂糖と一緒に加えるとトマトソースが味わい深くなり、またルーで作ったカレーに少量のインスタントコーヒーを加えても風味豊かになります。

それから変わった例では、ビール酵母があります。いろいろな味と相性がよい酵母エキ

試してみよう！　隠し味あれこれ

バター

バター炒めにしょうゆ

こんぶ茶

麻婆豆腐に昆布茶

しいたけ茶

チャーハンにしいたけ茶

カップに溶かしてから
入れるとより混ざりや
すくなります
コーヒー

カレーにコーヒー

つゆ

麺つゆに塩

スパゲティーミートソースに
チョコレート

スの特徴は、化学調味料では出せない複雑な味にあるといわれています。あまり知られていませんが、酵母エキスはラーメンのスープやレトルト食品など、さまざまな料理において下味を整える調味料として、広く利用されているのです。

隠し味はうまみの相乗効果を生む

ここで隠し味の効果について、ちょっと科学的に考えてみましょう。

味覚の相乗効果についてはまだ未知のものが多いのですが、しょうゆの場合には、それ自体が化学反応により新しい味を生むことが知られています。また、うまみの成分といわれるグルタミン酸・イノシン酸・グアニル酸は、組み合わされるとよりうまみが増すという性質をもっています。先に紹介したしょうゆ、昆布にはグルタミン酸が、しいたけにはグアニル酸が含まれていますから、これらを料理に加えることで、食材の持つ他のうまみ成分との相乗効果が生まれるわけです。

たとえば、鶏ガラ（イノシン酸）にしょうゆ（グルタミン酸）、麻婆豆腐（イノシン酸）に昆布だし（グルタミン酸）が効果的なのは、このようなメカニズムなのです。

冷めた料理がしょっぱいのはなぜ？

熱々の料理は温かいうちに、冷たい料理は冷たいうちにというように、食べ物には食べごろの温度があります。熱い食べ物が冷めてしまってはおいしくありません。温度とおいしさには、どんな関係があるのでしょうか。

人間の味覚には、甘み・塩味・酸味・苦み・うまみの5種類があります。人間の舌はだいたい20℃から40℃程度で一番敏感といわれていますが、それぞれの味の感じ方は温度によって変わってきます。

甘みは、人間の体温と同程度の35℃ぐらいで一番甘く感じますが、この温度より高くなっても、低くなっても感じ方が弱くなります。アイスコーヒーや熱いコーヒーに砂糖を入れても、なかなか甘くならないと感じるのはこのためです。逆にぬるくなったコーヒーを甘く感じる人は多いと思います。

塩味は、温度が高いときにはあまり強く感じませんが、温度が低くなってくると強く感じるようになります。冷めた料理を食べたときにしょっぱく感じるのは、このためです。

酸味は温度に関係ありません。温度が高くても、低くても、酸っぱいものは酸っぱいのです。りんごやみかんなどの甘酸っぱい果物は、冷蔵庫で冷やして食べると甘みが抑えられて酸っぱく感じるようになります。

温度と味覚の関係

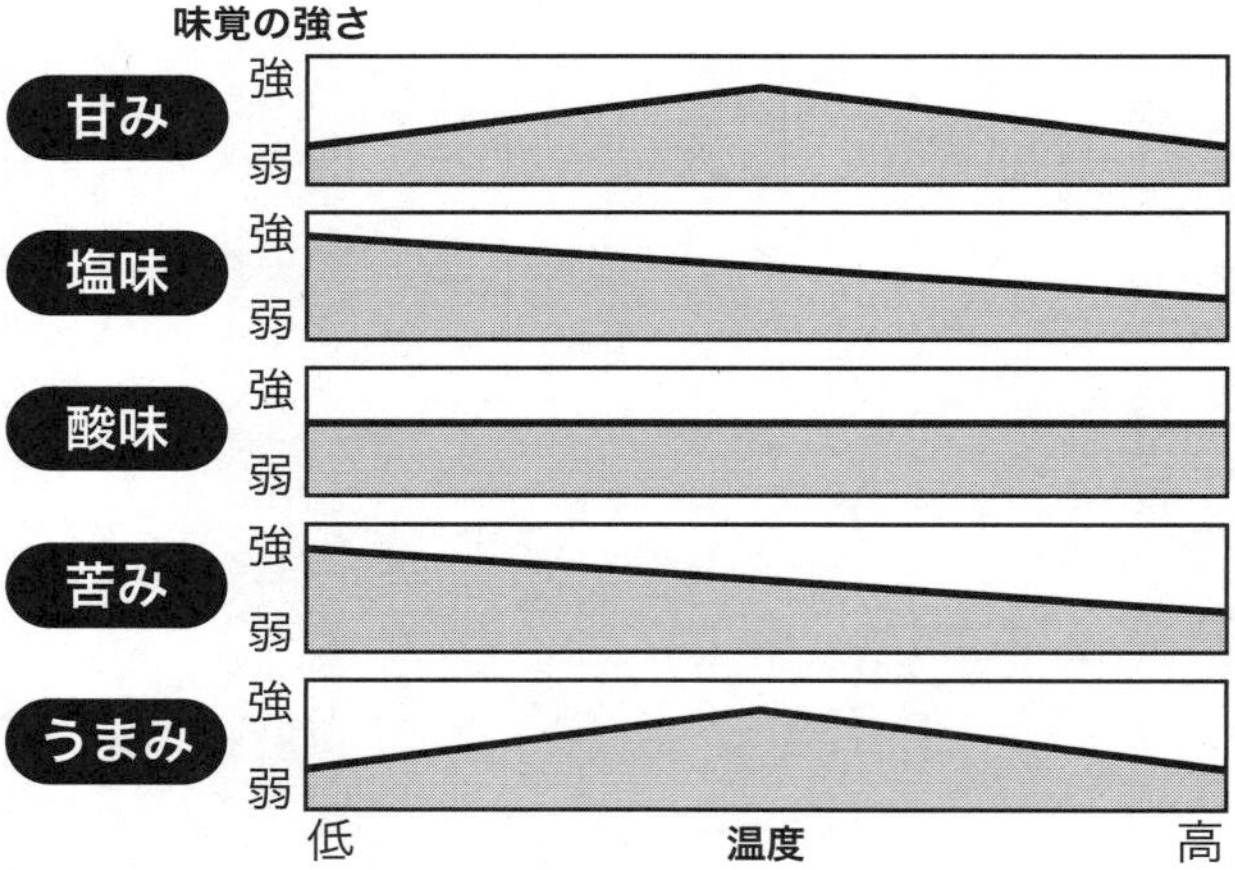

苦みは、温度が高いときにはあまり感じませんが、温度が低くなってくると強く感じるようになります。一般的に冷めた料理がまずく感じられるのは、苦みが強く感じられるようになるからです。

うまみは、ぬるいほうが感じやすく、お吸い物などでは、あまり高い温度だと感じにくくなります。しかし、温度が低すぎても感じにくくなります。

料理をよりおいしくするためのひと工夫

調理の際に、味見をして、「もう少し塩を足そう」なんて場面があると思います。ちょっと待ってください。本当に塩が足りませんか？　調理をしているときの料理の温度は、食べるときの温度と同じとは限りません。調理のときの味見でちょうどよいと感じても、食べるときにしょっぱいと感じるようでは料理は失敗ですね。食べる人が感じる味を想像しながら味見をすると、食べる人の立場に立った、心のこもったおいしい料理になるはずです。

それから、せっかく作った料理です。よりおいしく食べてもらうためにも、料理を盛りつける皿や器の温度を、料理の温度に合わせるようにしましょう。

MEMO　調理時の温度とは違うから注意!!　ここで紹介した温度と味の関係は、あくまでも私たちが料理を食べるときの感覚の話です。これを、そのまま調理に応用すると失敗します。たとえば、調理の際に温度を高くすると、食材から苦み成分が出てきてせっかくの料理が苦くなってしまうことがあります。

おいしい水ってどんな水？

浄水場の見学に行ったときに、おみやげに缶入りの飲み物をもらいました。家に帰って冷蔵庫で冷やして飲むと、結構おいしいのです。缶の表示にはこう書いてありました。

品　　名：清涼飲料水
原材料名：水道水

缶の中身は、普段飲んでいる水道水だったのです。このように、冷やすだけでも水はおいしく変身します。

適度なミネラルがおいしさをつくる

実験室で、何も溶けていない純粋な水を飲んでみました。値段は1L《リットル》数千円もするのに、まったくおいしくありません。水は何か溶けていないとおいしく感じられないのです。おいしい水には、適度なミネラル（カルシウム、ナトリウム、カリウム、マグネシウムなど）が含まれています。「ミネラルウォーター」として売られているものは、これらがちょうどよく含まれているわけですが、水道水にもほとんど同じ量のミネラルが含まれています。

「ミネラルウォーター」と注文すると、炭酸水の出てくる国があります。はじめは戸惑うのですが、飲みなれると新鮮でさわやかな味に感じたりします。炭酸水ほどたくさん含まれなくても、二酸化炭素が溶けていると水はさわやかな味になります。

もうひとつ大切なのは、においや味など、余分なものが入っていないことです。旅行先で水道水を飲むと、その塩素臭（味）に差があることに気づきます。きれいな水源を持つ水道水は、消毒に使う塩素の量が少なくてすむのでにおいがなく、おいしく感じます。

また夏になると、各地の「名水」がにぎわいます。冷たく、適度にミネラルが含まれていて、とてもおいしいものです。ただし、ここで気をつけなくてはならないのは、細菌による汚染です。１９９０年には、埼玉の幼稚園で飲料水に使っていた井戸水の汚染による死亡事故がおきています。また、登山道のわきに流れる沢の水がおいしそうに見えても、「上流に山小屋があるので飲まないように」という看板があったりします。

「おいしい水」の条件がそろっていても、病気になっては大変です。検査が十分されていない水は、一度沸かしてから冷やして飲んだほうがいいでしょう。水道水も、一度沸騰させて冷やすとおいしくなります。このとき、やかんのフタを取って沸騰させると塩素臭が抜けやすくなります。

お茶がおいしくなる温度は？

お茶の種類は何種類？　と聞かれたら、あなたはどう答えますか？　緑茶、紅茶、ウーロン茶……、いろいろありますが、これらはすべて同じお茶の木の葉から作られます。発酵のさせ方によって、種類が違ってくるのです。

発酵のさせ方には大きく分けて3種類あります。不発酵の緑茶、全発酵の紅茶、その中間の半発酵のウーロン茶というわけです。ここでは、そのなかでも身近な緑茶について取りあげてみましょう。

●うまみ成分が溶けだすのは60℃前後

茶葉の三大成分は渋みのタンニン、苦みのカフェイン、うまみのテアニンといわれています。その成分はいったい何度くらいで溶け出してくるのでしょうか。

渋みのタンニンや苦みのカフェインは、温度が高ければ高いほどより多く溶け出します。一方、60℃くらいになるとうまみのテアニンがうまく溶け出し、タンニンやカフェインが抑えられます。ですから低めの温度でいれたお茶には甘みが感じられるのです。

ただし、お茶の種類によって、いれるための適温があります。煎茶では90～80℃、玉露では60～50℃がよいとされています。温度によって抽出される物質が違うので、それぞれのお茶の特徴を生かすいれ方があるのです。

　また、みなさんもよく聞くお茶の成分でカテキンという物質がありますが、これは先ほど出てきた渋みの成分・タンニンの一種です。カテキンパワーはテレビの健康番組でもよく紹介されるように、いろいろな効果があります。老化に対抗する抗酸化作用やむし歯のもとになる細菌の増殖を防止してむし歯になりにくくする、コレステロール値・血糖値の上昇を抑えるはたらきがあるなどです。また、大変強い殺菌効果があり、食中毒の防止にもつながります。

おいしいお茶のいれ方
（煎茶・玉露の場合）
1 沸騰させたお湯を冷ます。茶碗に必要分のお湯を入れて分けて冷ます
茶碗をあらかじめ温める意味もある
冷ます
器に1回移すごとに約5℃温度が下がることを目安とする
2 茶葉を急須に入れておき冷ましたお湯を入れる
戻す
茶葉
3 茶碗に量と濃淡が均一になるように注ぐ
入れる
最後の一滴まで入れることがポイント
入れるお湯の温度
玄米茶 熱湯
玉露 60～50℃
番茶 熱湯
煎茶 90～80℃
ほうじ茶 熱湯
茶

執筆者紹介

執筆者名（50音順）
❶生年　❷経歴
❸得意料理　❹執筆担当ページ

稲山ますみ（いなやま　ますみ）
❶❷奥付参照　❸ありあわせで作る即興創作料理　❹24、29、36、69、74、91、116、132（共同執筆）、146、164

大土恵子（おおつち　けいこ）
❶1961年生　❷大阪教育大学教育学部小学校課程家庭科専攻卒。大阪市立特別支援学校教諭。　❸自家製キムチ、アップルケーキ　❹16、76、103、154、166、168

小田泰史（おだ　やすし）
❶1960年生　❷愛知教育大学大学院教育学研究科修了。蒲郡市立蒲郡西部小学校教諭。
❸キャンプ料理全般　❹46、94、98、143、176

桑嶋　幹（くわじま　みき）
❶1963年生　❷豊橋技術科学大学大学院工学研究科前期課程修了。日本分光株式会社勤務。理科雑誌「理科の探検（RikaTan）」副編集長。　❸五目うま煮焼きそば

❹127、130（共同執筆）、161、173

左巻健男（さまき　たけお）

❶❷奥付参照　❸ゴーヤチャンプル　❹48、64、80、83（共同執筆）、86、108、111、114、130（共同執筆）

白尾恵子（しらお　けいこ）

❶1954年生　❷佐賀大学農学部農芸化学科卒。宮崎市立小学校教諭。　❸豚の軟骨煮込み　❹34、101、118、134

竹嶋啓子（たけしま　けいこ）

❶1954年生　❷奈良教育大学大学院教育学研究科家政教育専攻修士課程修了。武庫川女子大学非常勤講師。　❸キャロットケーキ、ちらし寿司　❹72、88、96、106

手嶋　静（てしま　しずか）

❶1951年生　❷東海大学理学部化学科卒。会社経営。山口県立岩国工業高校講師。岩国市科学センター指導員。❸カレー、釣った魚の料理、チョコレート　❹21、26、40、52、57、62、124

中渡瀬秀一（なかわたせ　しゅういち）

❶1967年生　❷神戸大学工学部卒。ソフトウエア会社勤務。　❸オムレツ　❹66、137、

『雑学読本　ＮＨＫ　ためしてガッテン』　ＮＨＫ科学・環境番組部編　ＮＨＫ出版（１３４）
『口腔生理学』　河村洋二郎　永末書店（１６８）
『大きな目小さな目』（農林水産消費安全技術センター広報誌）　１９９２年11月（１５４）
『農林水産省近畿農政局　食料品消費者モニター調査』　平成６年・11年（１５４）

参考ＵＲＬ

【全般】

ＮＨＫ食料プロジェクト　http://www.nhk.or.jp/shokuryo/
ＮＨＫ　ためしてガッテン　http://www.nhk9.or.jp/gatten/
味の素　http://www.ajinomoto.co.jp/index.html
財団法人日本食肉消費総合センター　http://www.jmi.or.jp/
食肉品質研究会　http://www.agr.okayama-u.ac.jp/amqs/

【各項目】

史上最強の潮干狩り超人（18）　http://harady.com/shiohigari/index.html
財団法人製粉振興会（50）　http://www.seifun.or.jp/
海のお魚大百科（72）　http://www.h-suisan.jp/osakana/
エフシージー総合研究所（74）　http://www.fcg-r.co.jp/
独立行政法人国立がん研究センターがん対策情報センター（83）　http://www.ncc.go.jp/jp/cis/index.html

Science@Sugar（91）　http://www.sugar.or.jp/
糖尿病ネットワーク（１１８）　http://www.dm-net.co.jp/seminar/
はごろもフーズ（１１６、１３２）　http://www.hagoromofoods.co.jp/
公益社団法人　日本缶詰協会（１１６、１３２）　http://www.jca-can.or.jp/
ビール酒造組合（１３０）　http://www.brewers.or.jp/
シャープ　くらしのアドバイス（１４０）　http://www.sharp.co.jp/support/kurasi/hn/denka.html
東京電力（１４６）　http://www.tepco.co.jp/
旭化成ホームプロダクツ（１４６）　http://www.asahi-kasei.co.jp/saran/
独立行政法人国民生活センター（１４６）　http://www.kokusen.go.jp/
ＮＰＯ法人うま味インフォメーションセンター（１５８）　http://www.umamiinfo.jp/
東京都水道局（１７６）　http://www.waterworks.metro.tokyo.jp/

著者からのメッセージ――本書を読んでくださるみなさんへ

本書のコンセプトは、次の2点です。

◆知ってトクする・ナットクする、料理の知恵とサイエンスがいっぱい
◆役に立つコツとワザをサイエンスでわかりやすく裏づけ

「料理の作り方」の本なら、本屋さんに類書がたくさん並んでいることでしょう。私たちは、科学（サイエンス）に裏打ちされた料理の知恵、料理のツボを本書で示したいと思いました。

毎日の料理に役立つ実用的な情報を、科学の視点から楽しくやさしく解説しよう、料理の基本についてのちょっとしたコツやワザはもちろん、料理そのものの味わいや食べる人の健康にも配慮して、食とその調理にまつわる不思議と科学を結びつけて納得してもらえる説明を心がけよう、というなかなか難しい課題にチャレンジしてきました。

そのチャレンジャーは、それぞれ立場が違い、離れた場所に住んでいる13人です。理科や家庭科を教えている教員から科学系の大学教員、会社員などバラエティに富んでいます。その同志達が、インターネットで意見を交換しながら作りあげてきたのです。

それぞれ多忙な執筆者たちでしたが、いい本を作ろうと各自の知恵と情熱をぶつけあい、ときには激論もしながらの作業でした。

どんな内容を伝えたいかというテーマ選び、古今東西で伝えられている「ツボ」の科学的な検証、解説の文章や図がわかりやすい表現になっているかなどなど、より正しく、より楽しく、読んでくださるみなさんの役に立つ情報満載の本になるように努力したつもりです。その努力が実り、みなさんに、ひとつでもたくさんの「なるほど！」が届くことを祈っています。

著者の左巻健男は、長年科学を教えてきました。専門は科学教育です。その観点から、とくに科学的な側面を中心に担当しました。「なぜ？」が科学的にわかるということは、応用がきくということでもあります。理由がわからなければ、人から聞いたワザをそのとおりに実行するしかないのですが、理由がわかれば「こんなものでも代用できるのではないか」「こんなときにも効果があるかもしれない」と、自分なりの創意・工夫を加えることもできます。そんな発見は、毎日のキッチンライフをより楽しく、より効率よく、充実したものにしてくれることでしょう。

稲山ますみは、生徒のとき理科が苦手で大嫌いでした。何だか自分とは別の世界の話という気がして、男の子が得意な科目で自分には関係ないと思っていました。でも学校を卒業して何年も経ってから、おくればせながら、理科（科学）は主婦にとっても、とても身近で不思議でおもしろいものだということに気づきました。最初のきっかけは、調理師学校で食品学を教えている友人に、毎日台所で起こっている、さまざまな化学変化を解説してもらったことでした。熱したフライパンに卵を落として目玉焼きができることや、お魚を煮て煮こごりができるということと、科学を結びつけて考えたことなどなかったのですが、「なぜそうなるか?」ということを知って「なるほど!」と理解することは、とても楽しく、ちょっとお利口になった満足感もあり、また料理を上手に作るためのツボをつかむのに、とても役立つことでもありました。本書には、そんな経験を注ぎこんだつもりです。

最後に、編集を担当してくださった講談社の石澤あずささんには、大変お世話になりました。大勢執筆者のいる本で、連絡や原稿の取りまとめにはかなりご苦労があったと思います。おかげさまで、単行本のときより一層読みやすい本に仕上がったと思います。ありがとうございました。

2013年4月

左巻健男・稲山ますみ

本作品は２００８年2月、学習研究社より刊行された『科学でわかる料理のツボ』を改題し、文庫収録にあたり加筆・改筆のうえ再編集したものです。

左巻健男－1949年生まれ。栃木県出身。千葉大学教育学部卒業、東京学芸大学大学院修士課程修了。法政大学生命科学部環境応用化学科教授。中学・高校の教諭を26年間務めた後、京都工芸繊維大学アドミッションセンター教授を経て2004年から同志社女子大学教授。2008年より現職。理科好きな大人のための雑誌「理科の探検（RikaTan）」（文理）編集長。著書には『新しい高校化学の教科書』（講談社ブルーバックス／物理・地学・生物版も共著にて上梓）、『面白くて眠れなくなる物理』（PHPエディターズ・グループ／化学・地学版も上梓）など多数。

稲山ますみ－1961年生まれ。京都工芸繊維大学大学院工芸学研究科修士課程修了。東京大学教育学部附属中等教育学校理科技能補佐員。主な著書には『石けん・洗剤100の知識』『気になる成分・表示100の知識』（ともに編著・東京書籍）がある。

講談社＋α文庫 知《し》ってるだけですぐおいしくなる！
料理《りょうり》のコツ

左巻健男《さまきたけお》＋稲山《いなやま》ますみ 編著

2013年 4 月22日第 1 刷発行

発行者――――鈴木 哲
発行所――――株式会社 講談社
東京都文京区音羽2-12-21 〒112-8001
電話 出版部(03)5395-3529
販売部(03)5395-5817
業務部(03)5395-3615
デザイン―――鈴木成一デザイン室
本文データ制作――朝日メディアインターナショナル株式会社
カバー印刷―――凸版印刷株式会社
印刷――――――慶昌堂印刷株式会社
製本――――――株式会社国宝社

落丁本·乱丁本は購入書店名を明記のうえ、小社業務部あてにお送りください。
送料は小社負担にてお取り替えします。
なお、この本の内容についてのお問い合わせは
生活文化第二出版部あてにお願いいたします。
Printed in Japan ISBN978-4-06-281513-0
定価はカバーに表示してあります。